いつまでたっても動けないあなたが

「すぐやる人」に変わる

100の言葉

100 words that change to "people who do it right away"

行動科学マネジメント研究所所長
石田 淳

永岡書店

方って？

リモートワーク

セルフマネジメント

成果主義

ジョブ型雇用

ワーケーション

長時間労働の是正

コロナ・ショックを機に、
世の中が大きく変わり、
「自分も変わらなくては」
「何かを始めなくては」と
不安や焦りを感じていませんか？

新しい働き方
動けないのはやる気不足のせい？

「新しい働き方」というけれど、
それっていったい何なの？
何をすればいいのかわからない……
モヤモヤした気持ちが積み重なって
「動けない人」になっていませんか？

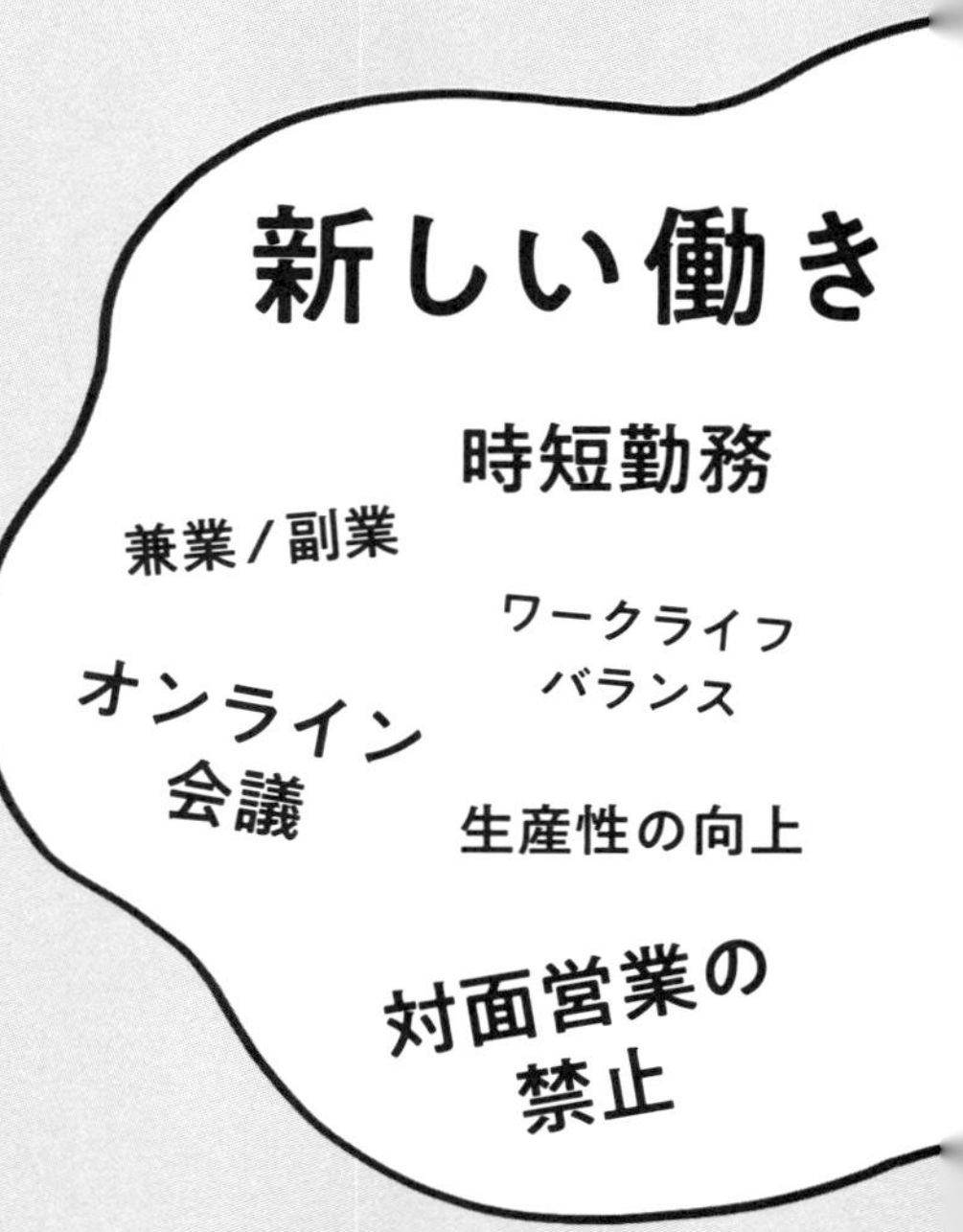
新しい働き
時短勤務
兼業/副業
ワークライフバランス
オンライン会議
生産性の向上
対面営業の禁止

動けないのは能力不足のせい？
新しい働き方
あなたが動き出せないのは、やる気や能力のせいではありません！

変えるべきなのは
あなたの「内面」ではなく、「行動」です！
約30万人のビジネスパーソンの
行動習慣をサポートしてきた
「行動科学マネジメント」の
メソッドを活用しましょう！

達成感を差し上げます
今日も頑張った
ペタッ
ゴール
あの休憩所のラーメンは最高…
とりあえずラーメンだ!!

行動科学マネジメントの特徴
❶ ちょっとずつやる
❷ 楽しんでやる
❸ 動きたくなる環境を整える
❹ カギとなる行動を見つける
❺ こまめに人と接する
なるほど!!

この本で紹介する100の言葉から
気になる項目を実践するたびに、
あなたに「いい変化」が起こり、
自然と動き出したくなって
「すぐやる人」に変われます！

行動力がアップする100のコツを紹介

CONTENTS

序章

第1章 動き出せない自分が「すぐやる人」に変わる技術

第2章

自分に「いい変化」を起こして成果を挙げる技術

第3章

職場の「コミュニケーション」がうまくいく技術

第4章

会社よりも仕事がはかどる「リモートワーク」の技術

第5章 「自然と動きたくなる」行動科学の10秒メッセージ

付録

知ってておきたい！

行動科学マネジメントのキーワード辞典

本書の読み方

行動科学マネジメントとは、アメリカのビジネス界や教育界で大きな成果を挙げている行動分析学・行動心理学を基にしたマネジメント手法を、日本人に最適な形にアレンジしたメソッドです。第1～4章では行動習慣が身につく「50の技術」を、第5章では行動科学のポイントが10秒でわかる「50の言葉」を紹介しています。「やってみたい、やれそうだ」と感じた項目を日常生活に取り入れて、あなたの行動力を高めてください。

＼＼すぐやる人に変わる！／／

50の技術

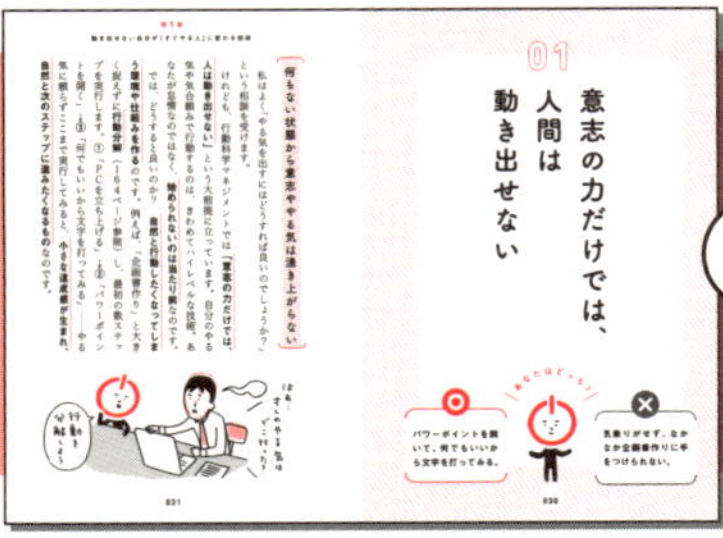

○×表示やイラストもまじえ、行動科学の技術をわかりやすく解説。

＋

＼＼自然と動きたくなる！／／

50の言葉

行動科学のポイントを解説。10秒で読めるショートメッセージ。

登場人物

行動くん

本書のナビゲーター。進と明子を「すぐやる人」に変えていく。

岡本 進

（営業職・35歳）

部下との関係構築、IT技術の習得など……上司として奮闘する毎日。

後藤明子

（事務職・28歳）

新しい働き方に不安を覚えつつも、後輩の育成担当として頑張る日々。

「新しい働き方」で変えるべきなのは、自分の「内面」ではなく「行動」

「新しい働き方」という言葉に漠然とした不安を感じていませんか？

「コロナ・ショックを機に、世の中が大きく変わった」と言われています。「出社率を下げよう」「リモートワークを推進しよう」「対面営業はなるべく避けよう」「社員同士の飲み会は自粛しよう」といった言葉を目にすることも多く、「新しい働き方」が求められるようになりました。

そんな状況に戸惑っている人は多いのではないでしょうか。

「世の中が変わったと言うけれど、何がどう変わったの？」

というモヤモヤを抱えている人や、

「新しい働き方と言うけれど、それっていったい何なの？」

という不安を感じている人もいるのではないでしょうか。

たしかに世の中は変わり、働き方も変わりました。けれどもその内容を分解してみると、**「コロナ・ショックで大きく変わったこと」「以前から緩やかに変わりつつあったが、コロナ・ショックでそのスピードが加速したこと」「以前と何も変わらないこと」**があるのです。怖いのは〝正体〟がわからないからです。「何が変わって、何が変わっていないのか？」がわかれば、対応策を見つけることができるので、あなたのモヤモヤや不安は解消されていきます。

コロナ・ショックで「大きく変わったこと」は3つ

では、「コロナ・ショックで大きく変わったこと」は、いったい何でしょうか？

主に3つ挙げられます。

1つめは、**「人生における『仕事の順位』が最優先ではなくなったこと」**です。

かつては不動の1位であった仕事ですが、コロナ・ショックを機に、多くの人が仕事以外の時間の過ごし方をいかに充実したものにするかを考えるようになりました。と同時に、雇う側の企業も「会社にもたらす成果」を求めるようになり、「成果をもたらしてくれさえすれば、できるだけ束縛をしない」と考え、副業（複業）なども認める流れになってきました（これは「そこまで頼られても会社はあなたの人生を支えきれないよ」という思いの裏返しでもあります）。

2つめは、**「オンラインでのコミュニケーションが当たり前になったこと」**です。

以前は「会議は一堂に会してやるもの」「営業は相手先に足を運ぶから意味がある」といった認識を持っていた企業でも、リモート会議、オンライン営業が日常的になりました。また、リモートワークの推進によって、日々の上司と部下のやりとりもオンラインが主流となっているところも多いのではないでしょうか。

3つめは、**「成果を出す人が『きめ細かな対応ができるタイプ』に変わったこと」**です。

以前は、あまり細かいことを気にせずに突き進む、勢いのある「リーダータイプ」の人が成果を挙げていました。ところが、コロナ・ショック以降は、得意先や部下ときめ細かくコミュニケーションをとれる「フォロワータイプ」の人が成果を挙げています。

「まったく違う自分」に変わる必要はない

このように、コロナ・ショックを機に大きく変わったことはたしかにあります。けれども大半は「以前から変わるとわかっていたこと」や「今も昔も変わらないこと」なのです。

「世の中がひっくり返ってしまった」と思えば、それに合わせてまったく違う自分に生まれ変わらなくてはいけないような気持ちに襲われるでしょう。

でも、実際には、そんな必要はありません。変えるべきなのは、「内面」ではなく「行動」です。今までの自分を否定して、「まったく違う自分に変わる」のではなく、**「今までの自分を生かしながら、上手に変わっていく」**ことができれば大丈夫です。そのために私は、あなたに「行動科学マネジメント」という科学的手法を活用してほしいのです。

POINT

「世の中が変わった」と言っても、大半は「変わりつつあったこと」や「以前と変わらないこと」。今までの自分を生かして変わっていけばいい。

なぜ人はこれまでの行動習慣を上手に変えることができないのか？

あなたが変われない最大の原因、それは……

世の中の状況が変われば、習慣も変化していくものです。

「今までの自分を生かしながら、上手に変わる」――そのためには今までとは違う行動習慣を身につける必要があります。頭で「変えなきゃ、変わらなきゃ」と思っているだけで、実際の行動を変えなければ、人は変わることができないからです。

でも、ここで、

「そんなことはわかっているけれど、何をすればいいのかがわからないから悩んでいるんじゃないか……。『行動習慣を変えればいいだけ』なんて、ひと言で片づけないでほしい！」

……と思っていませんか？

あなたのおっしゃるとおりです。そう感じたあなたは、「行動」というものの本質についてよく理解していらっしゃるなと思います。

そうです。

今までの行動習慣を変えるのは、実はとても難しいことなのです。

いつの時代にも「行動」というキーワードでさまざまな書籍が出版されているのは、「変われない」という悩みが人間の普遍的な悩みであることの証拠なのです。

では、なぜ人は、行動習慣を変えることに不安や戸惑いを抱いてしまうのでしょうか？

最大の原因は **「意志の力に頼ってしまう」** 点にあります。

何かを始めるとき、あるいは続けるとき、人は自分の意志の力で頑張ろうとしてしまいます。「よし、明日から頑張るぞ」と意気込んだり、挫折した自分を「なんて弱い人間なんだ……」と責めてしまうのは、自分の意志の力を「強いもの」と見なしているという大前提があるからです。

けれども、行動の専門家である私からすると、「意志の力に頼って物事を続け、成果を出す」というのは、奇跡に近いほどハイレベルな行為です。

早起きを例に考えてみましょう。「毎日朝5時に起きるぞ!」と決意したのに、「仕事で疲れてしまった」「深夜までYouTubeを見てしまった」「深酒をしてしまった」「運動を頑張り過ぎてしまった」などの理由で起きられなかったという経験はありませんか?

ですから、**人は意志の力だけでは「始められない、続けられない、成果を出せない」生き物なんだ**——ともっと気楽に考えてよいのです。

仕事の中で多くの変化や成果を求められる毎日

それなのに、あなたは毎日の仕事の中で、

・1日のスケジュールを自分で管理する
・1日の目標を決め、時間内に終わらせる
・上司への報告・連絡・相談を怠らない
・部下とのコミュニケーションを円滑に行う
・休憩時間などを使って毎日適度な運動をする

……といった、さまざまな行動習慣が存在し、それぞれに変化や成果を求められていませんか？

「意志の力」だけに頼ってこれらに対処すると、あなたはヘトヘトに疲れ切ってしまいますし、また望むような変化も成果も得られないでしょう。

だからこそ、行動科学マネジメントをうまく活用して、新しい行動習慣を身につけてほしいのです。

POINT

行動習慣を上手に変える最大のコツは、「意志の力」に頼らないこと。「意志の力」に頼ると、人は始められない、続けられない、成果を出せない。

新しい行動習慣が身について成果も出る！ 行動科学マネジメントの5大特徴とは？

科学的根拠に基づいた「自然と動きたくなる」行動メソッド

さきほど「人は意志の力だけでは『始められない、続けられない、成果を出せない』生き物なんだ——と気楽に考えてよい」という話をしました。

これは、逆の表現をすれば、「工夫さえすれば、意志の力に頼らずに、始められる、続けられる、成果を出せる」ということ——この部分に着目して体系化したものが行動科学マネジメントです。

行動科学マネジメントとは、アメリカのビジネス界や教育界で大きな成果を挙げている行動分析学・行動心理学を基にしたマネジメント手法を、日本人に最適な形にアレンジしたメソッドです。行動科学マネジメントでは、

「意志の力だけでは、人は始められない、続けられない、成果を出せない」

を大前提にし、科学的裏付けのある行動概念・行動原則に基づいて、

「人が自然と行動したくなってしまうように工夫すること」

「人が成果を出しやすいよう工夫すること」

が重要だと考えます。

私が所長を務める「一般社団法人行動科学マネジメント研究所」では、ＩＴ企業、製薬会社、自動車メーカー、旅行会社など、さまざまな企業で社員研修を行ったり、個人の方向けにセルフマネジメントセミナーを開催して、これまでに約30万人のビジネスパーソンの「成果の出る行動を習慣化する」サポートをしてきました。

行動科学マネジメントの5大特徴

では、行動科学マネジメントが提唱するコツには、いったいどのような特徴があるのでしょうか？　主に次の5つが挙げられます。

【①ちょっとずつやる】

いきなり頑張ろうとしてしまうから、人はなかなか始められないのです。後回しにせず、誰でも簡単にサクサク始めるためのコツ（「スモールゴール」など）があります。

【②楽しんでやる】

せっかく始めても、苦痛に感じると行動は習慣化しません。チャレンジすることを楽しみに感じられ、新しい行動習慣を定着させるためのコツ（「ごほうびとペナルティ」「サポーター」など）が存在します。

【③動きたくなる環境を整える】

人が自然と行動したくなる空間や仕組みを作ってしまえば、意志の力に頼らずとも行動が定着していきます。そのためのコツ（「不足行動と過剰行動」など）を習得しましょう。

【④カギとなる行動を見つける】

たとえ行動をしても、成果が出なければ、人はその行動を続けたくなくなってしまうものです。成果につながる行動をあぶり出すコツ（「行動分解」「ピンポイント行動」「劣後順位」など）があります。

【⑤こまめに人と接する】

仕事で成果を出し続けるためには、上司、部下、同僚など周りの人間とこまめに接し、良い人間関係を構築・維持することがとても重要です。そのためのコツ（「MO《モア》RS《ーズ》の法則」「接触頻度《せっしょくひんど》」「即時強化《そくじきょうか》」「非金銭的報酬」など）がいくつか存在しています。

これらのコツは、誰でも、すぐに、簡単に、お金をかけずに、日常生活の中に取り入れることができます。しかも「行動しなければならない（Have to）」の感情ではなく、「行動したい（Want to）」の感情が生まれるので、新しい行動習慣が自然と身についていくのです。

POINT

人間の意志は弱いもの。科学的根拠に基づいたコツを取り入れて、「自然と動きたくなる」工夫をすることが重要。

「一人株式会社」の代表として　すべての人が〝経営者〟となる時代に

やり方さえ間違わなければ、自分でコントロールした方が安心・安全

私は最近、ビジネスパーソンの方々に向けた講演で**「一人株式会社」**という比喩をよく使います。そして、「これからはセルフマネジメントがよりいっそう重要になります。会社があなたのためにしてくれることはどんどん減っていくでしょう。ですから、お勤めの人であっても、自分の人生の〝経営者〟という認識を持つべきです」とお伝えしています。

「一人株式会社」の代表、自分の人生の〝経営者〟――なんだかとても厳しく辛いもののように感じますか？　そんなことはまったくありません。

やり方さえ間違わなければ、自分の人生は自分でコントロールした方が安心・安全です。自信もつきますし、実力もアップします。そして、毎日を心豊かに過ごすこと

ができ、自分自身が納得できる人生となります。
たとえるならば、窓の外が見えない船の中で行き先も告げられぬまま波に揺られるのではなく、船長として自分の行きたい方向に船を操るイメージです。

本書では、あなたが自然と行動したくなる「50の技術」と「50の言葉」を掲載しています。すべてを取り入れる必要はありません。ページをパラパラとめくりながら、「やってみたい、やれそうだ」と感じたものを、日常生活に少しずつ取り入れてみてください。

あなたの素晴らしい人生に、行動科学マネジメントのメソッド、そして本書が貢献できたら、著者としてこれほど嬉しいことはありません。

POINT

本書で紹介する100項目の中から「やってみたい、やれそうだ」と感じたものを、あなたの生活に少しずつ取り入れていこう！

第1章

動き出せない自分が「すぐやる人」に変わる技術

「やろう！」という気持ちはあるのに、なかなか動き出せない……そんなときに大事なのは、「意志の力」に頼らないこと。「最初の目標を驚くほど低く設定する」「自分で自分を喜ばせる仕組みを作る」など、やる気ゼロでもサクサク始められるコツを紹介します。

頑張るぞ〜
完
感動!!
俺も頑張るぞっ
明日から5時に起きる!!
メラメラ…
演技、どうだった?
目覚ましセット!!
翌朝
ピピピピピ…
うるさい…
え…
翌々朝
スピー
目覚ましセットすらしていない…
人の「やる気」のはかなさよ…

01

意志の力だけでは、人間は動き出せない

あなたはどっち？

◎

パワーポイントを開いて、何でもいいから文字を打ってみる。

✕

気乗りがせず、なかなか企画書作りに手をつけられない。

何もない状態から意志ややる気は湧き上がらない

私はよく「やる気を出すにはどうすれば良いのでしょうか？」という相談を受けます。

けれども、行動科学マネジメントでは**「意志の力だけでは、人は動き出せない」**という大前提に立っています。自分のやる気や気合頼みで行動するのは、きわめてハイレベルな技術。あなたが怠惰なのではなく、**始められないのは当たり前**なのです。

では、どうすると良いのか？　**自然と行動したくなってしまう環境や仕組みを作る**のです。例えば、「企画書作り」と大きく捉えずに**行動分解**（164ページ参照）し、最初の数ステップを実行します。①「PCを立ち上げる」→②「パワーポイントを開く」→③「何でもいいから文字を打ってみる」……やる気に頼らずここまで実行してみると、**小さな達成感が生まれ、自然と次のステップに進みたくなるもの**なのです。

行動を分解しよう
はあ…
オレのやる気はどこ行った？

02

笑ってしまうほど「軽め」に初日を終える

あなたはどっち？

◎

「本を毎日読もう」と誓い、初日は表紙を眺めるだけにした。

×

「本を毎日読もう」と誓ったが、４日目で挫折してしまった。

「三日坊主」には科学的根拠がある

初日から頑張り過ぎない——何か新しいことを続けるときの鉄則です。これには大きく2つの理由があります。

1つは、**日が経つにつれて疲れ、息切れしてしまう**から。もう1つは、**初日よりも2日目に「できたこと」が少なくなると、達成感が少なくなってしまうから**。「三日坊主」という言葉がありますが、これは非常に的を射た表現なのです。

行動科学マネジメントでは「何か新しいことを始めるなら、最初の数日は自分でも笑ってしまうほど軽めに行動を」とアドバイスをします。例えば、仕事関係の本を1冊読了したいなら、初日は本の表紙を眺めるだけで十分。その上で**「毎日の読書量を増やす」よりも「3週間続ける」ことを重視して**行動する——**「頑張り過ぎない勇気」を持つ**と、新しいことが習慣化されていきます。

03

「小さなゴール」を設けて自分を乗せる

あなたはどっち？

◎

途中にスモールゴールを設定し、到達する毎に大好きなワインを1本開けた。

×

「1年以内に資格を取ろう」と勉強を始めたものの、途中で挫折してしまった。

「これならできそう」と自分自身に思わせる

行動科学マネジメントでは、「いきなり目標達成を目指すのではなく**『スモールゴール（小さな目標）』**（165ページ参照）を設けましょう」とアドバイスします。なぜなら、**目標達成の大きなカギとなる自己効力感が持てる**、つまり「それならできそう」という気持ちになれるからです。

スモールゴールは、たとえるならば登山コースの途中にある休憩所。「山頂まで休みなしで行くのは辛い。でも、あそこまでなら行けそう」と思える場所にあることが重要です。

例えば、「1年以内にキャリアアップのために新しい資格を取得する」と決めたら、「参考書を1冊読み終える」「資格試験に申し込む」「模擬テストを受ける」などがスモールゴールになるでしょうか。**スモールゴール毎にごほうびを設定（166ページ参照）しておくと、さらに効果的**です。

04

「ちょっとした面倒」は先回りして解消する

あなたはどっち？

◎

前日のうちにオンライン会議の設定を終わらせ、翌朝はスムーズに仕事をスタート。

×

オンライン会議の設定に手間取り、朝の仕事時間をムダに費やしてしまう。

目標達成を邪魔する「過剰行動」を減らす

行動科学マネジメントには**「不足行動」**と**「過剰行動」**（167ページ参照）という言葉があります。不足行動とは「目標達成に必要なのに足りていない行動」、過剰行動とは「目標達成に不必要なのに過剰に多い行動」のこと。

行動科学マネジメントは**不足行動を上手に増やし、過剰行動を上手に減らすメソッド**なのです。

朝の仕事をなかなかスムーズに始められない場合、**スタートしやすくなる環境作りが必要**です。例えば、「早朝のオンライン会議の設定が面倒」なら、前日に設定を終わらせておけば、翌朝スムーズに仕事を始められます。これはオフタイムでも同様で、ランニングウェアを枕元に準備して就寝すると、朝のランニングの継続率がアップします。**ちょっとした面倒を先回りして解消することが、行動力を強化する秘訣**なのです。

【前日設定】
【当日設定】
おはようございます！
早速、会議を始めます
はーい
やばい やばい やばい…
ログインできないっ
Error
会議の時間ですよー

05

達成したい目標は必ず数値化する

あなたはどっち？

◎

「今月末までに48件（毎週12件）の営業アポを入れる」と決め、取り組んでいる。

✕

「今月末までにできるだけ多くの営業アポを入れよう」と思い、取り組んでいる。

「いつか〜したい」は目標ではなく願望

行動科学マネジメントでは、「いつか〜したい」といったあいまいな表現を目標とは見なしません。それは願望です。**「いつまでに（期限）」「何を（ゴール）」**が数値化されているものだけを目標と呼んでいます。

では、なぜ数値化する必要があるのか？　理由は、**「達成できたかどうかが測れないので、達成感が得られない」**ためです。心地良い達成感の連続が「これを続けたい」という思いとなり、その結果として人は変わっていけるのです。「資格試験の勉強をする」「企画書を作る」「ランニングをする」「ダイエットをする」……何にでも適用できるメソッドです。

なお、「数字で設定すると、達成できなかったときに落ち込んでしまうのでは？」と心配な人は、**確実に達成できるレベルまで目標を下げる**と良いでしょう。

3か月後に
3kgやせる

06

自分のとった行動を「見える化」する

あなたはどっち？

◎

手帳に「今日やること」を書き出し、終わるたびにシールを貼っている。

×

自分が毎日どんな仕事をしたか、何も記録に残していない。

ポイントがたまるだけで人は嬉しいと感じる

子供の頃、スタンプを押してもらうのが嬉しくてラジオ体操に毎朝通った……という経験をしたことはありませんか？これは**「ポイントがたまると嬉しい」という人間の心理を利用**しています。つまり、自分自身の行動を「見える化」すると、人は自然と行動したくなります。35ページで**「ごほうび」**の話をしましたが、ポイントもごほうびの一種なのです。

この法則を使って、あなたの行動を「見える化」してみましょう。例えば、**手帳に「今日やること」を5つ書き出して、終わるたびに小さなシールを貼っていく**――これを毎日続ければ、手帳はシールでいっぱいになるはずです。「そんな単純なことで？」と最初は疑問に思うかもしれませんが、**達成感や自己効力感が得られる、非常に効果的な方法**です。

達成感を差し上げます
今日も頑張った
ペタッ

07

「成果」ではなく、「行動」を評価基準とする

あなたはどっち？

◎

「売上を達成するカギとなる行動」ができたかどうかをチェックしている。

×

「売上が達成できたかどうか？」の数字だけを見て一喜一憂している。

行動し、検証・改善しなければ、人は変われない

「自分を変えたいのになかなか変われない」と悩む人が犯しがちな間違いがあります。それは「成果だけ」を見て自己評価してしまうことです。例えばダイエットの場合、「毎日の体重の変化」は「成果」、「体重を減らすための運動や食事」が「行動」にあたります。

「体重だけ」を記録して「痩せた」「太った」と一喜一憂するのではなく、「週に2日は20分走るぞ」と決めたら、**20分走るたびに〝行動できた自分〟を称えましょう。**これを3週間続けてみて、その後に**「週2日・20分のランニングは成果につながる行動だったか？」を検証すべき**です。

仕事も同じです。「売上」だけでなく、**売上を達成するカギとなる「ピンポイント行動」（168ページ参照）が何かを見極め、「その行動ができたか？」をチェックすべき**なのです。

08

行動を後押しする「お目《め》付《つけ》役《やく》」を設定する

あなたはどっち？

◎

「上司に途中経過を報告する」というマイルールで、締切遅延を回避する。

×

苦手な資料作成に時間がかかり、いつも提出の締切を守れない。

オンライン化の進む今こそ他人の手を借りよう

行動科学マネジメントでは、応援してくれる存在を**「サポーター」**（169ページ参照）と呼んでいます。**適切なサポーターを設定すると、仕事がサクサクと進むようになります。**

「資料提出の締切をなかなか守れない」という場合は、上司や先輩に「すみません、午後1時になったら、私に『資料の進み具合はどうか？』と尋ねてもらえませんか？」とお願いしてみます。つまり〝お目付役《めつけやく》〟となってもらうわけです。お願いするのはハードルが高ければ「午後1時に自分から途中経過を報告する」と決め、実行するのも良いでしょう。

お目付役、励まし役、チェック役、アドバイス役……**どんなタイミングでどんな存在が登場すると、あなたの仕事がはかどりますか？** そのサポーターになってくれるよう、身近な人にお願いしてみましょう。

09

スケジュールは
プライベートの
予定から埋める

あなたはどっち？

◎

私用を最優先事項として、それまでに仕事を終わらせる段取りをつける。

×

仕事が終わらなそうな時、私用をキャンセルする。

「仕事の優先順位」を下げると時間管理が楽に

「仕事がなかなか終わらないんです……」と嘆く人に、私は**「あなたのプライベートの予定からスケジュールを埋めていきましょう」**とアドバイスをしています。

つまり、**「プライベートよりも仕事」と考えるのではなく、「仕事よりもプライベート」と優先順位を変える**のです。

もしも大好きなパン屋さんがあり、そこのパンの味を想像するとワクワクするのであれば、「閉店前の7時までに買いに行く」というプライベートの予定を手帳に書き込み、その上で仕事のスケジュールを考えてみます。

つまり、**プライベートの予定をあなたにとってのごほうび（166ページ参照）にしてしまう**のです。

「人生における仕事の優先順位」をあえて下げてみる――すると時間管理がとても楽しくなりますよ。

10

イヤな業務を「先」に、やりたい業務を「後」に

あなたはどっち？

◎

嫌いなレポート作成を先に済ませてから、好きな企画書作りにとりかかる。

×

好きな企画書作りからとりかかり、気乗りのしないレポート作成は後回しにしている。

「嫌い・苦手」→「好き・得意」の順で効率アップ

あなたにとって、①「嫌い・苦手な業務」と、②「好き・得意な業務」の2つがあったとします。重要度が同じ場合、どちらから手をつけると生産性が上がるでしょうか？

正解は「①→②」の順。これは**「プレマックの原理」**と呼ばれています。**「好き・得意な業務」が“ごほうび”（166ページ参照）となり、「嫌い・苦手な業務」を行う動機づけが強化される**のです。「レポート作成は苦手、企画書作りは得意」という人はレポート作成を先に終わらせてから、企画書作りに臨みましょう。

複数の業務をこなす場合は、**「嫌い・苦手→好き・得意→嫌い・苦手……」と交互にこなし、「好き・得意」で締めくくるのが理想**です。人間の脳には「1日の終盤の記憶が残りやすい」という特性があるため、達成感を得て仕事を終えることができます。

好きなものは後で…
仕事も同じです

11

「知らないので教えてほしい」をログセにしよう

あなたはどっち?

◎

「SNSを活用したい」という若手社員に詳しく説明してもらい、提案を採用した。

×

若手社員が「SNSを活用したい」と提案してきたが、わからないので却下した。

「上司＝教える側」という思い込みは要注意

自分を変えるときにあなたの行動を邪魔するもの——その1つが「『知らない』と言えない」というムダなプライドです。**このプライドは、特に自分よりも若い人（部下や若者）に対して発動しがちです。**けれども、SNSなどでは新しい技術やサービスがどんどん誕生していますから、**あなたが知らないのは仕方のないこと**ですし、**流行に敏感な若い人たちの方が知っているのは当たり前**なのです。

そこでオススメしたいのは、誰に対しても**「知らないので教えてほしい」をログセにしてしまう**こと。教えてくれる相手との関係も良好になり、人間関係も広がっていきます。

今後も「やらなければならない新しい仕事」はどんどん出てくるでしょう。ですから、このひと言が言えるかどうかが、成果を挙げられるかどうかのカギを握ってくるのです。

第2章

自分に「いい変化」を起こして成果を挙げる技術

ひとくちに「行動」と言っても、「成果につながる行動」と「成果につながらない行動」の2つがあります。「成果につながる行動」を見つけ、続けること。そして、「成果につながらない行動」を見極め、やめること。そのための具体的なコツを紹介していきます。

え…
コクコク…
え…
目を覚ませ!!
このままでは時代に取り残されるぞ!!
か、か、変わります!!
変えるといったらまずは形から!
え
なんか変じゃない?
変わり者になってる…
1
2
3
4

12

仕事を始める前に気分が上がるごほうびを設ける

あなたはどっち？

◎

「昼休みは大人気のお弁当を食べよう」と、ごほうび設定してから仕事をスタートする。

×

「頑張らねば」という思いから、昼休みも取らずに仕事を続けてしまう。

「Have to」では、うまくいかず、長続きもしない

テレワークで一人仕事をする、あるいは以前よりも社員の少ないオフィスで仕事をする――そういった流れの中で**「自分自身で時間を管理するスキル」**がますます重要になっています。

ただ、こういったときに「～しなければならない（Have to）」の気持ちで頑張ってもうまくいかず、長続きもしません。**「～したい（Want to）」の気持ちに変える仕組みが必要**なのです。

ここで活用したいのが**「自分へのごほうび」**（166ページ参照）です。例えば「大人気のお弁当を買うために12時前には提案書作りを終わらせよう！」といったように**「終わったらごほうび」というパッケージを作る**のです。

時間管理のうまい人は、ごほうび設定のうまい人です。あなたの気持ちを「Have to」から「Want to」に変えるモノ・コトを探し、設定してみてください。

13

「成果につながらない行動」を頑張っても疲れるだけ

あなたはどっち？

◎

仕事が遅い原因を思いつくまま書き出してみる。

×

「仕事が遅い」と自覚しているが、何をどうすれば良いかわからない。

「成果に直結する行動」を見つけ出して改善する

行動科学マネジメントには **「ピンポイント行動」**（168ページ参照）という言葉があります。これは **「成果に直結する行動」** のことです。「お客様のリピート率を20％アップ」を例に考えてみましょう。商品購入直後の特典、使い方に関する電話フォロー、季節毎のメールやハガキなど……さまざまな施策を試してデータを取って分析しながら「電話フォローがカギを握っていそうだ」などとあぶり出すのです。

自分の仕事の生産性アップも同じです。「仕事が遅い」と悩む人は、「とりかかりが遅い」「他の仕事に気をとられる」「細部に時間をかけ過ぎる」など、原因と思われる行動のムダを書き出し、試しに1つずつ行動改善してみます。その結果、**「『早くとりかかる』ことが大きなカギだ」** とわかったら、**そのピンポイント行動を実践していけばいい** のです。

書き出したら結構たくさんある…
ピンポイント行動をさがせ！

14

今、成果を挙げている人のやり方を共有する

あなたはどっち？

◎

「お客様へのメール配信」で営業成績を上げている部下に倣《なら》い、全員で始めた。

×

営業スタイルは人それぞれなので、各自のやり方に任せている。

ハイパフォーマーのピンポイント行動を共有する

コロナ・ショックでコミュニケーションのとり方が「対面からリモート」へと変化し、今までハイパフォーマーだった人がローパフォーマーに転じてしまう現象が起きています。

顕著なのが営業職です。以前はノリよくエネルギッシュなタイプが成果を挙げてきましたが、コロナ・ショック以降はきめ細かくフォローができるタイプが成果を挙げています。

成果を出す、成長するための具体的なやり方の多くは「できる社員」の中にあります。過去のやり方に固執せず、現在のハイパフォーマーに注目し、その社員の行動を観察・分析して**ピンポイント行動（168ページ参照）を突き止め、チームで共有**しましょう。例えば、その社員が「1日1回はメールでお客様に役立つ情報を送るようにしたら成約率が上がりました」ということであれば、チーム全体で取り入れてみるのです。

15

「行動を分解」して、苦手の正体を突き止める

あなたはどっち？

◎

企画書作りで苦手なデータ収集作業は、得意な人に手伝ってもらっている。

×

「企画書作りは苦手」と感じつつ、いつも苦労しながら作成している。

苦手な業務も「すべて苦手」というわけではない

苦手な業務の克服には、**「行動分解」（164ページ参照）の活用が効果的**です。例えば「ペットボトルの水を飲む」という行動も、実は「ペットボトルを片方の手でつかむ↓もう一方の手でフタをつかむ↓フタをひねる……」というようにいくつもの行動の積み重ねで成立しています。

もしも企画書作りが苦手な場合、そのプロセスを「関連書籍を読む↓ネットでデータを集める↓タイトルを決める……」などに**行動分解した上で、どの業務が苦手なのかを考えてみます**。

「関連書籍を読むのはツラくないけど、データ収集に苦労しているんだな」と**〝苦手の正体〟**を突き止められたら、それが得意な人に「どうやっているのか？」「手伝ってもらえないか？」といった相談をすると良いでしょう。

16

決断する回数を減らす

あなたはどっち?

○

「あの資料はここ、この文房具はここ」と、物を戻す場所を決めている。

✕

「あの資料はどこだったっけ!?」と探し物をしていることが多い。

ジョブズがいつも同じ服を着ていたのはなぜ？

人は、迷ったり、精査したりする中で、1日に何万回も〝小さな決断〟をしています。この〝小さな決断〟が増えると精神的に疲れ、重要な決断を誤る危険性があります。

スティーブ・ジョブズがいつも同じ服を着たのは、「今日はどの服を着ようか？」という毎日の〝小さな決断〟を減らし、重要な決断にエネルギーを割くためでした。

そこでオススメしたいのが「定物定置《ていぶつていち》」です。やり方は簡単。**「ここにあると使いやすい」という状態に整理整頓し終えたら、その状態をスマホで撮影し、プリントアウトして貼ります。**使用後は常にその状態に戻すだけです。ビジネスパーソンは**探し物に1年で150時間も浪費**しているというデータがあるそうですが、定物定置を徹底すれば、時間のムダを無くし、精神的な負担も軽減できます。

17

「3分雑談」をしてから会議の本題に入る

あなたはどっち？

◎

オンライン会議開始の3分くらいは、「最近の関心事」について雑談している。

×

オンライン会議がスタートすると、「ではさっそく」と本題に入ってしまう。

「いきなり本題」では会議の質が下がってしまう

オンライン会議の際、焦っていきなり本題に入ってしまう人がいます。とくにITに苦手意識を持つマネジメント層に、その傾向がよく見られます。

本人は「そのほうが効率的」と思っているのかもしれませんが、**アイスブレイク（＝会議や商談で場の雰囲気をなごませて発言しやすい空気を生み出す手法）ができていない**ため、ミーティングの質は下がってしまいます。

そこでオススメしたいのが、**「会議冒頭3分間の雑談」**です。近頃ハマっている趣味、家族の出来事、最近気になったニュースなど……雑談のテーマは何でもOK。**「誰かの関心事」を参加者全員で共有する**わけです。大人数の会議の場合、事前に数人を指名しておき、一人1分程度で自己紹介や近況報告をしてもらうと意見交換が活発になりオススメです。

……
ラーメンは家系派です
二郎系です
私もです
青葉系です

18

「報告目的の会議」は、そもそも開催しない

あなたはどっち？

◎

「目的、役割、終了予定時刻」を会議開始時に書き出している。

×

いつもなんとなく会議をスタートしてしまっている。

「目的、役割、終了時刻」を共有してから会議を始める

会議の生産性を上げるのに重要なことは①**「会議の目的」②「参加者それぞれの役割」③「終了予定時刻」を明確にする**ことです。これらを会議の冒頭で共有し、ホワイトボードなどに書き出して常に「見える化」しておくと会議の生産性が高まります。

「何かを決定したいのか？」「良いアイデアを出し合いたいのか？」など、**目的次第で会議のやり方は変わります**から、目的の共有はとても重要です。注意したいのは「報告目的の会議になっていないか？」ということ。報告だけなら、メーリングリスト等で報告すれば十分です。

参加者の役割を決めると、**いてもいなくてもいい参加者、黙ったまま会議を終える参加者**が減ります。また、終了予定時刻を共有すると、**時間内に会議を終わらせようという意識**が参加者の中に生まれるでしょう。

19

「やっぱりやらない」を3つ決めてしまう

あなたはどっち？

◎

優先順位の低い下から3つの業務は、あえてやらない。

×

仕事の優先順位をつけているが、忙しい状況が改善できない。

To Doリストだけでなく「Not To Doリスト」を作る

「忙しくて仕事が終わらない」と悩んでいる人がいた場合、行動科学マネジメントでは**「劣《れつ》後《ご》順《じゅん》位《い》」**（170ページ参照）という言葉を使って、仕事の優先順位のつけ方をアドバイスしています。

劣後順位は「優先順位」の対義語です。一般的に優先順位をつけることが重視されがちですが、「忙しい」と嘆く人の場合は、キャパシティがいっぱいなので、**「やらなくてもいい業務」をあぶり出し、業務量を減らす仕組みが必要**なのです。

例えば、To Doリストで書き出した業務のうち、**「優先順位の低い下から3つ=劣後順位の高い3つ」に関しては「やらない」と決め、「周りの誰かに任せる」などしてリストから除外してしまう**のです。

いつも仕事に追われて忙しそうにしている部下がいたら、劣後順位で「やる必要のないこと」を伝えてみてください。

3つなんですけど…
あ〜っもう！あれも、これもやらない！

20

うまい人と行動を共にして、徹底的にマネする

あなたはどっち？

◎

取引先との会話が上手な上司の話し方を、身振り手振り交えながら何度も練習する。

✕

話術の本などで勉強しているが、取引先との会話はぎこちないままだ……。

身体を実際に動かしながら、人は変わっていく

自分を変えるのに非常に重要な方法――それは**自分の変わりたい姿に「すでになっている」人と一緒に過ごす時間をできるだけたくさん持つ**ことです。

脳内にはミラーニューロンという神経細胞があり、「近くにいる人のマネをする」という特性があるからです。

もしも、「取引先との会話がぎこちない」と感じるならば、取引先との会話がうまい人の商談に同席させてもらいましょう。オンラインを通じて参加するのも良いかもしれません。

可能であれば、そのようすを動画などで記録させてもらい、動画を繰り返し見ながら、話のスピードや抑揚のつけ方などを身振り手振りマネしてみるのです。頭で考えるだけでなく、**「徹底的にマネしてみる」という身体的な行動を通して、人は〝いい変化〟を起こしていける**のです。

21

記憶力に頼らず、「忘れてOK」の仕組み作りを

あなたはどっち？

◎

チェックリストを見ながら備品を持ち帰るようにしている。

✕

ノートパソコンのバッテリーを持ち帰るのをいつも忘れる。

大事なことはフセンやチェックリストに書き出す

「ヘルマン・エビングハウスの忘却曲線」と呼ばれる実験があります。特に意味を持たない3つのアルファベットの羅列を被験者にたくさん覚えさせたところ「20分経つと42%忘れる」「1時間経つと56%忘れる」「1日後には74%忘れる」という結果が出ました。

人は忘れる動物であり、思い出すのには大変な労力を要します。仕事の生産性を上げるためには、忘れてもいい仕組みを作るのがオススメです。**1つは、フセンでの「見える化」**。大事なことは記憶に頼らず、すぐにフセンに書き出し、目につくところに貼っておきましょう。**もう1つは、チェックリストの作成**。例えば、テレワークをするために会社から持って帰るPCアイテムや資料のチェックリストを作っておけば、抜け漏れなく持って帰ることができるでしょう。

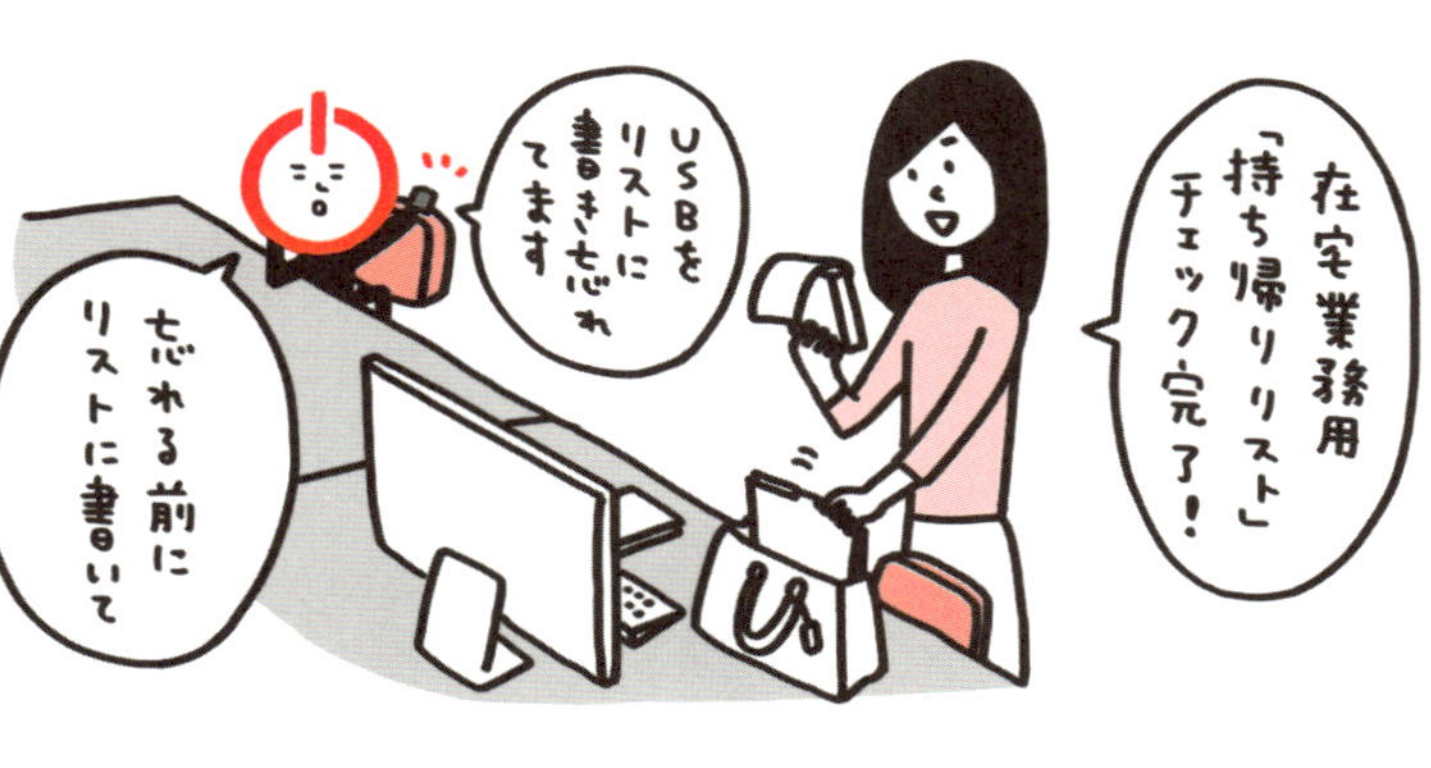
在宅業務用「持ち帰りリスト」チェック完了！
USBをリストに書き忘れてます
忘れる前にリストに書いて

22

苦手なものは得意な人に教えてもらえばいい

あなたはどっち？

◎

「ランチおごるから教えて！」と、若手社員に基本操作を教えてもらう。

×

Zoomの基本操作にいつも戸惑い、いまだにうまく使いこなせない。

苦手なジャンルは「年下の師匠」に学ぶ

コロナ・ショック後、オンライン会議などでITツールを使う機会が以前よりも増えた人は多いと思います。ただ、さまざまなツールがあり、設定のしかたもそれぞれに異なるので、使いこなすのは難しいものです。では、どうすると良いのでしょうか？　**ITツールに何のストレスも感じておらず、サクサクと使いこなす若手社員を「年下の師匠」とし、彼らにやり方を教えてもらう**のです。教えてほしいと真剣にお願いすれば、喜んで教えてくれるはずです。

もしもあなたが「上司＝教える側、部下＝教えられる側」という固定観念に囚われているのなら、**「上司―部下の関係は、ただの役割分担の違いに過ぎない」**という考え方にあらためましょう。**あなたが無意味なプライドに固執していると、相手も快く協力してくれない**と思います。

23

定型業務の「マニュアル」を作り、チームで共有する

あなたはどっち？

◎ 企画書作りの手順をマニュアル化し、全員がその手順で作成している。

× 企画書作りはメンバー各自の自由なやり方に任せている。

「誰かが休んだら業務がストップ」は危険信号

業務は、**「定型業務」と「非定型業務」の2つに大別**できます。定型業務とは、「日報の送信」「お客様対応の電話や接客」「企画書の作成」など、基本的に同じ行動をとる業務のことです。一方、非定型業務は、「新規プロジェクトの立ち上げ」など、未経験の行動が主体の業務を指しています。

ほとんどの定型業務は、すべてマニュアル化できます。**誰かが休んだらすぐに業務がストップしてしまう状態は、マニュアル化ができていない証拠**。すぐにマニュアル化を進めましょう。

企画書作りであれば「資料収集30分→骨子作成1時間→上司のチェック→テンプレートへの流し込み1時間」などと、**ベストな手順を作成**してみるのです。さまざまな定型業務のマニュアルを作成し、チーム全体で共有すると、全員の生産性が飛躍的にアップします。

ずっと休んでませんよね…
手伝います
この仕事は自分にしかできないから
ドス
誰の為にもなりません

24

専門的な分野こそ
マンガで楽しく学ぶ

あなたはどっち？

◎

『マンガでわかる日本の歴史』を買って読み始めた。

✕

日本の歴史を学び直したくて、ぶ厚い歴史書を購入した。

難しいことほど、やさしいもので学び始めよう

今まで馴染みのなかった分野について学び始める際にオススメなのは「マンガ」あるいは「マンガでわかる本」を読むことです。なぜなら、いきなり難しい本を読み始めたもののよくわからず、挫折してしまう人が多いからです。

行動科学マネジメントでは「行動開始当初は軽めの目標設定をする」ということを推奨しています（32ページ参照）。**それと同じで、マンガでわかる本は、絵とストーリーの力で知識やノウハウがすっと頭に入ってくるのです。**

私もマンガが大好きで、さまざまな作品から知識を得ています。難しそうな分野でも読んでいて苦にならず、概要が楽しく学べます。専門分野のノウハウ、経済・金融の知識、歴史・哲学、コミュニケーションのとり方など……あらゆるジャンルがマンガから学べますので、ぜひ活用してください。

25

仕事終わりに1分間の「振り返りタイム」を

あなたはどっち？

◎ 「もっと効率を高めるには？」と仕事終わりに考えている。

× 仕事が予定どおり終わったら、さっさと片づけて帰っている。

小さな改善の積み重ねで生産性は飛躍的にアップ

行動科学マネジメントでは**「目標→行動→改善」のサイクルを回すことで効率的に目標達成ができる**と考えています。

「この仕事を今日中に終わらせよう」と決め（目標）、そのとおりに仕事をする（行動）までは多くの方が日々行っているでしょう。そこに「今日やった仕事を、もっと速く、うまくやれる方法はないか？」と**見直し、試す（改善）プロセスを加えてほしい**のです。

そこでオススメしたいのが、**仕事終わりの「振り返りタイム」**です。今日やった仕事の中から1つでいいので、**「次にやるときにもっと速く、うまくやれるやり方はないか？」を考え、手帳などにアイデアを書きつけてみてください**。

1分間のとても簡単な振り返りを続けていると、気がつけば生産性が飛躍的にアップするはずです。

第3章

職場の「コミュニケーション」がうまくいく技術

マネジメント層になると、上司や部下との関係構築が重要な仕事になります。リモートワークが進み、コミュニケーションがとりづらい状況だからこそ、「数字で具体的に伝える」「意識的に接触頻度を増やす」などの科学的なコツを取り入れて、良い関係性を築きましょう。

リモート会議
先方に○○の件、確認して下さい。以上です
はいっ
ちゃんと伝わったかな
心配だからもう1回、確認しよう
確認事項は以上です
時間外になっちゃってごめんね。予定あったんじゃ…
大丈夫です!! 今から韓流ドラマ観まーす
え!?
もしかして○○××!?
それです、それです!! いいですよねーっ

26

「MORS《モアーズ》の法則」で指示を出す①

当たり前な言葉ほど具体的に表現しよう

あなたはどっち？

○
部下が戸惑わないよう、数字を入れて指示を出している。

×
「売上を意識して頑張ろう！」と部下を叱咤激励している。

あいまい表現はNG！ 具体的な言葉で伝える

行動科学マネジメントでは「MORS《モアーズ》の法則」（171ページ参照）を重要視します。これは別名「具体性の法則」とも呼ばれていて、4つの条件、「①Measured／計測できる＝数値化できる」「②Observable／観察できる＝誰が見てもどんな行動をしているかわかる」「③Reliable／信頼できる＝どんな人が見ても、同じ行動だと認識できる」「④Specific／明確化されている＝何をどうするか明らかである」から成り立っています。これらを押さえて具体的に指示しましょう。

「しっかりやる」「頑張る」「全力で」「精一杯」「よく見て」「関係性を深める」「意識する」「注意する」「気をつける」「整理整頓する」など……これらはすべて人によって解釈が異なるあいまい言葉であり、これらを盛り込んでしまうと、残念ながら「指示」とは言えません。

27

「MORS《モアーズ》の法則」で指示を出す②

第三者に伝える意識で指示を出そう

あなたはどっち？

◎

目的、締切、要素、サイズなどを盛り込んで提案書作成の指示を出した。

×

「しっかり作るように！」と部下に提案書作成の指示を出した。

「全員が同じ行動をとれるか？」の視点で見直す

もしもあなたが「提案書をしっかり作るように」と部下に伝えたとしたら、「しっかり」というあいまい言葉の解釈の違いにより、あなたが期待していた提案書と部下の作った提案書の間にはズレが生じるはずです。**このズレを防ぐために「MORSの法則」（171ページ参照）が有効**なのです。

例えば、「○○株式会社の課長の××さんに明日の朝9時にメール送信するので、今日の午後2時までに一度私に見せてほしい。『導入メリット』『コスト削減の資産』『他社比較』の3つを盛り込んで、A4サイズ3枚以内に文章化してくれないかな」といった感じでしょうか。

実際に伝える前に**「A、B、Cの3人の部下に伝えた場合、3人が全員同じ行動をしてくれるだろうか？」**という視点で指示内容を見直してみると良いでしょう。

それは
3人が同じ行動をしてくれる指示？

28

「ありがとう」の気持ちは即レスで！

あなたはどっち？

◎

部下からの「企画書を送ります」というメールに、まずは即座に「ありがとう」と返信する。

×

企画書の中身にじっくり目を通し、翌日にコメントを添えて部下にメールを返信している。

今後も続けてほしい良い行動は「すぐに」評価する

部下が、顧客からの貴重な声を集めた報告書を夕方4時にメールで送ってきたとします。あなたは、どちらの行動をとるほうが良いでしょうか？　①「送られてきた内容をじっくり読んで感想をまとめ、翌朝に返信する」②「メールを受け取ったら即『ありがとう』と返信する」

あなたが「今後も部下に同様の報告を続けてほしい」と思うのなら、正解は②です。それはなぜか？　「人は行動した直後に評価されると、『この行動をすれば良いのだな』と認識し、その後も同じ行動をとってくれる」とわかっているからです。これを専門用語で**「即《そく》時《じ》強《きょう》化《か》」**（172ページ参照）と呼びます。ところが、行動と評価の時間が空いてしまうと、何をすれば評価されるのかが伝わりづらくなるのです。**「ありがとう」の感謝の気持ちは「即レス」で——と覚えておくと良いでしょう。**

29

「接触頻度《せっしょくひんど》」が少ないと人間関係はうまくいかない

あなたはどっち？

◎

「1日に誰と何回話したか？」を数え、少ない相手との接触回数を増やす。

×

話しにくいと感じる苦手な部下を無意識に避けている……。

コミュニケーションの「回数」を記録する

「話しやすい部下と、そうでない部下がいて悩んでいます」という相談をマネジメント層からよく受けます。そのような場合、まず初めにやると良いのは「それぞれの部下ととったコミュニケーションの『回数』を記録する」ことです。

話したり、メールやLINEを送信したりするたびに、手帳などに「正」の字でチェックするのです。すると、ほとんどの場合、話しやすい部下との接触頻度（172ページ参照）が多く、話しにくい部下との頻度が少ないことに気づかされます。

その上であなたがすべきことは、**話しにくい部下とのコミュニケーション回数を少しずつ増やしていくこと**です。まずは3週間続けてみてください。そうすれば、部下に対するあなたの苦手意識は減り、部下もあなたに対して以前より話しかけてくるようになるはずです。

30

「1日1褒《ほ》め」をマイルールに設定

あなたはどっち？

○

「ネクタイおしゃれだね」など、部下のことをよく褒めている。

×

部下のファッションを褒めたことは今までに一度もない。

若い世代は「自分を認めてもらう」ことを望む

「報酬」という言葉から「給料やボーナス」を連想する人も多いと思いますが、実は報酬には**「金銭的報酬」**と**「非金銭的報酬」**（173ページ参照）の2種類があります。

非金銭的報酬とは「承認」「感謝」など、コミュニケーションを通じて受け取るものを指します。日本生産性本部の調査によれば、若手社員が職場に求める優先順位が「給料やボーナス」から**「働き甲斐」**や**「心地良さ」**、**「社会貢献度」**等、**つまり非金銭的報酬へとシフト**しつつあります。この傾向はコロナ・ショック後もさらに加速するでしょう。

オススメは**「部下の良いところを毎日必ず1つ見つけて褒める」というマイルールを設定し、実行する**こと。服装、話し方、笑顔など……何でもOKです。その褒め言葉が、部下に贈る大きな「報酬」となるのです。

31

メリットを伝えると行動自発率が高まる

あなたはどっち？

〇

気がついたら、できる限りその場で「こうすると良いよ」とアドバイスする。

×

ため込んでしまい、あるとき「前から思っていたんだけど…」と注意する。

小さなアドバイスの積み重ねが行動改善をもたらす

「部下を注意する言葉やタイミングは、なかなか難しいものですね」という相談をよく受けます。その際、私は**「注意ではなくアドバイスとして」**さらに**「ため込まずにそのつど」**伝えることをすすめています。

なぜなら、そのほうが**自発的に行動改善しようとする確率が高まるから**です。この行動原則は、テレワークの普及にかかわらず、どんな時代・環境にも当てはまります。

例えば、初めてのお客様と顔を合わせる際に緊張で表情の硬い部下がいるとしたら、打ち合わせ直前、すぐに「人間はたった数秒の『第一印象』で相手のことを判断してしまうから、初対面のお客様には口角を上げて笑顔で接したほうが良いよ」など、**その行動をとることで得られるメリット**を伝えてあげましょう。

【アドバイス】
やってみます
深呼吸すると落ち着くよ
【注意】
すみません
プレゼンで緊張しすぎよ！

32

できない原因は、やり方を知らないから

あなたはどっち？

◎

「どこまでできて、どこからできないか」を部下と一緒に考えている。

✕

部下がうまくできないと、「やる気が足りないのでは？」と注意している。

「やる気」ではなく、「行動」に目を向けて修正していく

うまくできない部下に対して「やる気が足りないからだ」などと叱っている上司を見かけますが、これは残念ながら百害あって一利無しです。問題解決（＝できない部下ができるようになる）にはまったくつながりませんし、上司と部下の信頼関係も崩れてしまうからです。

行動科学マネジメントでは**「できない原因」は「やり方を知らない」か「続け方を知らない」かのどちらか**であると考えています。そして、**「教える」とは、「相手を観察し、どの段階でつまずいているかを把握し、具体的な行動のしかたを伝える」行為**のことを指します。

大事なことは、行動に目を向けて修正してあげることです。まずは「どこまでうまくできて、どこからうまくいかないのか？」を**部下と一緒に考える**ことから始めてみましょう。

どこで何につまずいたのか、一緒に考えよう
うまくできません…

33

「やる意味」が伝わらないと行動自発率は低下する

あなたはどっち？

◎

仕事内容の大小にかかわらず、部下には「この業務をやる意味」を説明している。

×

「とにかく」や「とりあえず」が、部下に仕事を頼む際の口グセになっている。

その業務の「目的、背景、意義」を明確に伝える

「やる意味」を伝えず、部下に仕事を頼むのはやめましょう。「とにかく」「いいから」「とりあえず」などのあいまい言葉はNGです。**人間には目的や意義がわからない行動を避ける特性がある**ので、**部下の行動自発率が下がり、優秀な部下ほど嫌気がさして離職**してしまいます。

「業務の意味」は、**①「目的（どんなゴールを目指してほしいのか？）」**、**②「背景（やるに至った経緯）」**、**③「意義（どんな好影響があるか？）」**の3つを押さえて伝えるのが鉄則です。

「議事録をまとめておいて」ではなく、「今日の会議の決定事項を参加者で共有（目的）して、プロジェクトを成功させたい（意義）んだ。『見える化』しないと、みんなすぐに忘れてしまう（背景）から、箇条書きにしてメーリングリストに送ってもらえないかな」などと伝えましょう。

34

「失敗してもいいからやってごらん」は、最悪の教育方法

あなたはどっち？

◎

若手社員をプレゼンの場に同行させて、次からは資料作成の一部を手伝わせた。

×

若手社員の考える力を培うため、顧客へのプレゼンをいきなり担当させた。

若い世代ほど答えのない指示に負担を感じてしまう

「考える習慣をつけさせたいので、難しい仕事もいきなりやらせています」という育成法で、若手社員を早期戦力化しようとする会社がありますが、行動科学マネジメントでは最悪の方法だと考えています。

なぜなら、失敗することが見えているからです。「失敗から学ぶことはたくさんある」と思う人もいるかもしれませんが、**失敗に対する恐怖心だけが残り、自信をなくして、その先にレベルアップしようとする意欲を低下させてしまいます**。

では、どうすると良いのか？　**まずは「具体的な手順を示し、その手順が身につくまでじっくり指導する」**のです。成功によって自己効力感が上がり、知識やノウハウも身についていきます。レベルが上がる毎に同じように基本から指導する――その繰り返しで、人は成長していくのです。

35

どんな行動をとると良いか、解決の糸口を一緒に考える

あなたはどっち？

◎

「今のトップ営業が何をしているか？」を本人と一緒に観察・分析してみる。

×

「どうして成果を出せないのか？」という本人の悩みをじっくり聞いてあげる。

成果を出せなくなった部下には具体的に教える

行動科学マネジメントでは、高い成果を出す人のことを**「ハイパフォーマー」**と呼びます（168ページ参照）。「パレートの法則」によれば、組織は「ハイパフォーマー2割、普通のパフォーマー6割、ローパフォーマー2割」に大別されます。ところが世の中に急激な変化が起こると、これまでのやり方が通用しなくなり、**今までハイパフォーマーだった人が、ローパフォーマーに転じてしまうことがよくある**のです。

このとき上司が「何を悩んでいるのか？」をヒアリングしても、部下は解決の糸口を見つけられません。それよりも「どんな行動をとったら良いのか？」を一緒に考えてみましょう。

「今、成果を挙げているハイパフォーマーは誰か？　その人は今どんな行動をとっているか？」についての観察・分析（59ページ参照）を手伝ってあげるのが最も賢明な対応です。

分析して！
また契約成立です！

36

「助かりました」と伝えて相手を承認する

あなたはどっち?

◎

「○○さん、商談のサポート、助かりました」と、いつも感謝の言葉を伝えている。

×

年上の部下には気を遣って、その人の好きなように動いてもらっている。

「やってもらった行動」に焦点を当てて評価する

「自分より年上の部下がいて、どうやってコミュニケーションをとっていけばいいのか悩んでいます」という相談をよく受けます。コロナ・ショック以降はIT化が加速し、若手社員がリーダーとして抜擢される機会も増えて、「若い上司―年配の部下」という構図は珍しくなくなっていくでしょう。

年上の部下に対しては、**「○○さん、△△（やってもらった行動）、助かりました」**という声かけがとても有効です。名前をしっかり呼ぶことで、お互いの人間関係は深まります。また、「成果につながる行動」に焦点を当て、できるだけその場で評価しましょう。

最大のポイントは伝え方にあります。**「よくできました」は上から目線**なので、「とても助かりました」と感謝の気持ちを伝えると相手を自然な形で承認できます。

37

部下の「つながらない権利」を確保する

あなたはどっち?

◯

プライベートの時間はその人のもの。緊急時以外は、連絡を入れない。

×

部下に相談したい事があったら、就業後でもLINEをしている。

勤務時間外の連絡は部下に嫌がられる可能性大

仕事のデジタル化が進み、いつでもどこでも会社とつながることが可能です。便利な一面、つながらされているほうは大きなストレスとなります。部下との接触頻度を維持するのは大切（91ページ参照）ですが、それと同等に重要なのは、**部下の「つながらない権利」を尊重した上での“コミュニケーションをとらないため”のルール作り**です。

事前に「○○や××の事態が起こった場合は『緊急事態』と見なして、SNSのグループに投稿する。それ以外の場合は、勤務時間外は投稿しない」といったルールを部下と相談して決めておくのです。

勤務時間外の連絡は、どんな小さなことでも嫌がる部下が上司の想像以上に多いものです。 事前に決めておけば余計なストレスも減り、お互いが楽になります。

第4章

会社よりも仕事がはかどる「リモートワーク」の技術

コロナ・ショック以降、自宅やカフェ、コワーキングスペースなどでのリモートワークの機会が増えています。でも、オフィス以外の慣れない環境での毎日に、心と身体が疲れてしまった人も多いのでは？ そんなあなたの心身を健康に保つためのコツを紹介します。

リモートワーク初期
リモートワーク、頑張るぞ！
…
一カ月後
やる気がでないし、うつうつする…
やばっ もう11時…
やっぱり
環境が大事!! 片付けるよー
それも!!
こ、これも？
本当だ！仕事もサクサク片付くわっ
はいっ これも完了
…
CHOCOLATE

38

出社と在宅勤務の良い点・悪い点を整理して比較する

◎

朝の快適なマイルールで気分一新してから在宅勤務を開始。

×

ついつい家事などをしてしまい、在宅勤務を始められない。

双方の特徴を「見える化」した上で改善を加えていく

「コロナ・ショックを機に在宅勤務を推奨されたが、なかなか慣れずに戸惑っている」という人も多いのではないでしょうか。そんなモヤモヤを解消するには、出社と在宅勤務の良い点・悪い点を書き出してみることです。**それぞれの一長一短を明らかにした上で、長所をハイブリッドすると、あなたにとって快適な仕事スタイルを見出せる**からです。

例えば「出社のときは、通勤時間が1時間もあったけど、電車内で本を読めたのはよかった」「在宅勤務のときは、朝の時間にゆとりはあるが、オンオフの切り替えが難しい」など、出社と在宅勤務それぞれの良い点・悪い点を整理します。その上で**「在宅勤務のときは、コーヒーを1杯飲んでから、出社時よりも早い時間に仕事を開始する」**などのマイルールを設けると、快適で生産性も上がります。

39

上司との信頼関係を損ねないよう「報《ほう》連《れん》相《そう》」を徹底する

あなたはどっち？

◎

「毎日定時に報告、週1相談」のマイルールで、上司と連絡をとり合っている。

×

部下とは頻繁にコミュニケーションをとっているが、上司にはほとんど連絡していない。

「見えない不安」を払拭《ふっしょく》してもらうことが重要

あなたが中間管理職であればリモートワークでは部下の行動を逐一ケアできないのと同じように、**上司もあなたの行動をチェックすることができない**という事実を忘れないようにしましょう。人は、**相手の行動を見ることができないと不安になり、信頼関係が損なわれていきます。**「『接触《せっしょく》頻度《ひんど》』が低いと人間関係はうまくいかない」（90ページ参照）というお話をしましたが、リモートワークだからこそ、**上司との接触頻度＝報連相も減らしてはいけない**のです。

報連相の最大の目的を**「信頼関係を損ねないこと」**に置き、「どんな頻度であれば上司が安心してくれるか？」を考えます。そして、「毎日仕事終わりに業務報告をし、1週間に1度（水曜日）はチームの悩みを相談する」などのマイルールを設定し実行すると、上司もそのルールに順応してくれます。

17:30
送信！
本日の業務報告メールを…

40

「場所の力」は偉大！環境が変われば気分が切り替わる

あなたはどっち？

◎

企画のアイデアは喫茶店で考え、自宅に帰ってから企画資料をまとめている。

×

「家だと集中できないな……」と、イライラしながらも自宅で仕事をしている。

集中できないなら仕事内容によって、場所を使い分ける

「自宅には仕事ができるスペースがない」という悩みを持っている人は多いようです。行動科学マネジメントでは**「身の回りの環境＝あなたの頭の中の状態」**と見なします。

小さなお子さんがいて自宅を出られない場合は別ですが、自宅の一角で落ち着かない状態のまま仕事をするよりも、自分が集中できる場所に思い切って移動するほうがオススメです。喫茶店やファミレス、マイカー、カラオケボックス、ホテルのデイユース、図書館など、自宅の周辺をリサーチしてみましょう。

場所を変えると五感（聴覚、視覚、嗅覚、触覚、ときには味覚）への刺激が変わります。心地良い刺激を与えてくれる場所で仕事をすれば気分が良くなり、生産性は飛躍的にアップします。「アイデアを考えるのは喫茶店、企画書を書くのは自宅」などと、作業別に場所を変えるのも良いでしょう。

大好きないちごに目もくれないほどの集中です
ブンブン
ブンブン

41

「25分仕事＋5分休憩」で高い集中力を持続する

あなたはどっち？

○

「30分単位のサイクル」で、集中力を保ちながら仕事をしている。

×

午前中に頑張って仕事をしたら、午後にスタミナ切れを起こしてしまった……。

アラームに従って仕事&休憩を繰り返す

限られた時間内に仕事を終わらせるには、高い集中力を維持する必要があります。そのためには**「25分仕事＋5分休憩」を繰り返すと良い**とされています。これはフランチェスコ・シリロ氏によって考案された「ポモドーロ・テクニック」と呼ばれるものです。

1日の仕事のスケジュールは、**30分単位（25分仕事・5分休憩）での作成がオススメ**です。また、「9時、9時25分、9時30分、9時55分、10時……」と**区切りとなる時刻にスマホのアラームをセット**し、そのアラームに従って仕事と休憩を繰り返す仕組みによって効率良く仕事が進みます。

「30分単位だと短すぎる」と感じた人は、学校の授業に準じた**「1時間単位（50分仕事・10分休憩）」を試してみてもいい**かもしれません。

42

オフィスじゃできない五感に心地良い環境を作る

あなたはどっち？

◎

空調、アロマ、BGM……自分好みの環境を整えて自宅での仕事を楽しんでいる。

×

「自宅じゃ落ち着かない、集中できない」と、イライラしながら自宅で仕事をしている。

自分にベストな仕事環境を実験しながら整える

オンライン環境で心身を健康に保つために、**今まで以上に自分自身の「五感」に敏感になることをオススメ**します。五感には、視覚、聴覚、嗅覚、触覚、味覚があります。例えば、触覚。人が快適に過ごせる室温／湿度は**「夏場は26℃前後／50%前後」「冬場は20℃前後／60%前後」**と言われています。在宅勤務となり、自宅の室温／湿度を自由に設定できる状況なら、この機会に**「どんな室温／湿度だともっとも仕事がはかどるか？」を〝実験〟**しながら、ご自身にとってベストな空気環境を整えてください。

また、在宅勤務の場合、**オフィスではなかなか実践できないことも楽しみましょう。例えば、アロマを焚いたり、好きなBGMを流したり、ベランダで仕事をするなど、**自分にとって心地良い環境を作れば、仕事がさらにはかどります。

43

自分の仕事中の姿勢を見ると不調の理由がわかる

あなたはどっち？

◎

猫背になっていることに気づき、姿勢が良くなるデスクチェアを購入した。

×

「肩こり、腰痛がしんどい……」と感じつつ、リビングテーブルで仕事をしている。

自分の作業姿勢をスマホで撮影して客観視する

「自分のペースで仕事を進めやすい」「通勤時間が不要になり、心にゆとりが持てる」などリモートワークのメリットを感じている人の中にも、身体の不調に悩まされている人が多く見られます。特に多いのは、**肩こり、腰痛、眼の疲れ**です。

その原因は、オフィスとのデスク環境の違いです。オフィスのデスクやチェアは長時間ワークに向いた設計となっていて、自宅リビングのイスなどと仕様が異なるのです。

もしもあなたがリモートワークで身体の不調に悩んでいるなら、まずは**仕事中の作業姿勢を、正面、横、後ろから写真あるいは動画で撮影**してみましょう。**自分の仕事中の姿勢は案外知らないもの**です。首がニュッと前に出ていないか、背中が丸くなっていないかなど、姿勢をチェックした上で対策を考えましょう。

いつもです
うっそ…これオレ？この時、たまたまでしょ！

44

「感情の波」を計測し、ストレスの理由を分析してみる

あなたはどっち？

◎

自分の「感情の波」を計測して、気乗りしないときの対策を考えている。

×

最近、ストレスを感じることが多いが、その理由が何だかよくわからない……。

感情変化の傾向を知り、その上で対策を考える

行動科学マネジメントでは**「計測」を重要視**します。計測してデータを収集しなければ分析ができないからです。

「新しい働き方が進む中でストレスを感じているが、その理由がわからない」という人には、**「あなたの1日の感情の波を計測してみては」とオススメ**しています。

やり方は簡単です。例えば、1時間ごと（9時、10時、11時……）に「気分が良い／普通／気分が乗らない」の3段階でチェックして、グラフ化します。そして、1日の仕事終わりに「気分が良かったのはなぜか？」「逆に気分が乗らなかったのはなぜか？」を分析して、**「どうすれば気分良く仕事できる時間を持続できるのか？」の対策を考えてみる**のです。

1週間続けて計測してみると、あなたの感情の波の傾向が、より明確に把握できるはずです。

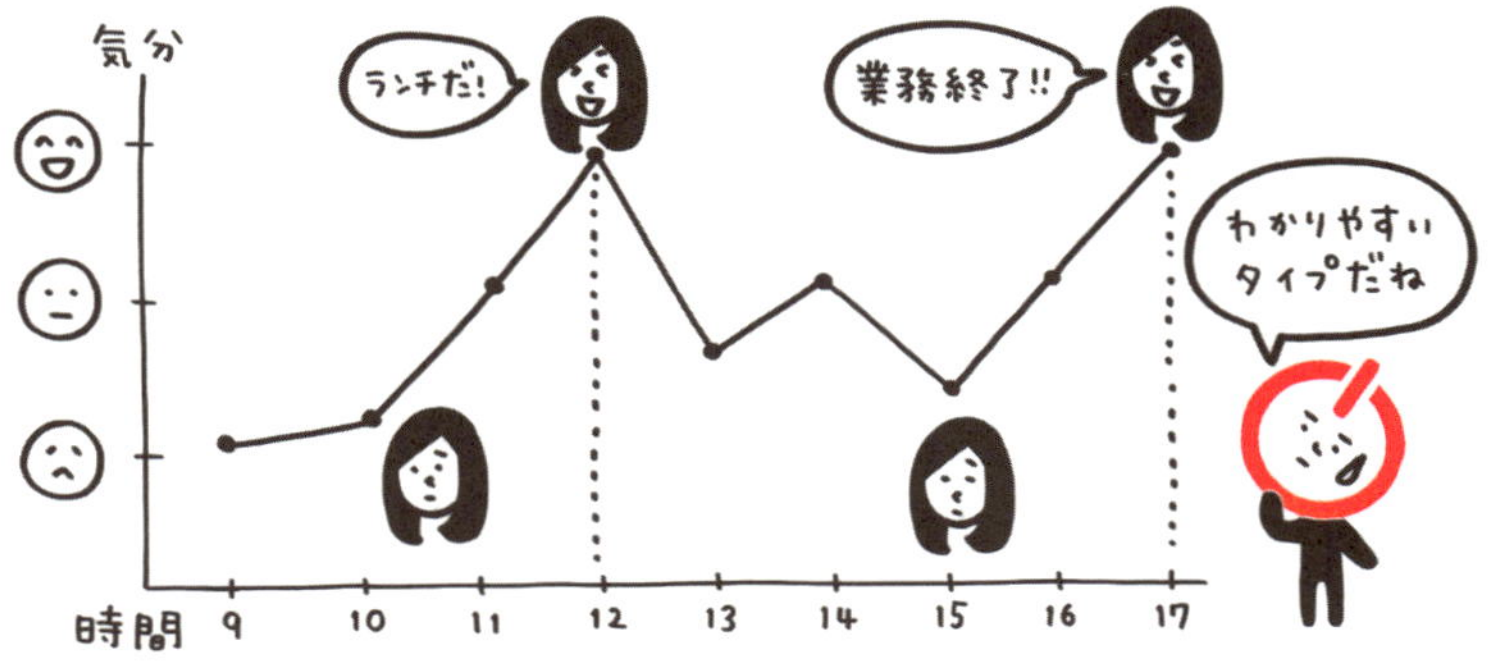

45

デスクの上には余計なものを一切置かない

あなたはどっち？

〇

企画書作りに必要な資料以外、デスクの上には何もない。

×

企画書作りの途中で、スマホをついいじってしまう。

不必要なアイテムが「過剰行動」を誘発する

急いで企画書を作らなければいけないのに、スマホをいじってネットニュースをついつい読み込んでしまった……。

このような「成果につながる行動を邪魔する行動」のことを行動科学マネジメントでは**「過剰行動」**（167ページ参照）と呼びます。仕事中の過剰行動をなくすと、時間管理のストレスが激減します。

行動科学マネジメントでは、「スマホを見るのを我慢する」といった**意志に頼る方法ではなく、その行動をとりにくい環境を作る方法**を考えます。

オススメは、**デスクから遠く離れた、取り出しにくい場所（バッグの中など）にスマホをしまう**こと。スマホを見るのが面倒になるからです。**「デスクの上には必要なもの以外何もない」が、デスクワークをする際の理想**です。

46

自分を許す「ゆるいマイルール」をあらかじめ設ける

あなたはどっち？

◎

仕事が忙しくて疲れているときは、「休んで良し」のマイルールを適用している。

×

資格取得の勉強を始めたが途中で挫折。自分のダメさ加減に腹を立てている。

自己肯定感を下げない逃げ道を用意しておく

物事を続けようとすると、途中で計画どおりにいかなくなる局面が必ず出てきます。

「資格を取得したくて勉強を始めたが、途中で仕事が忙しくなり、なんとなく挫折してしまった……」。そんな経験は誰にでもあるのではないでしょうか。**いちばん良くないのは「やっぱり続けられないんだ」「自分はダメなんだ」などと自己肯定感を下げてしまうこと**です。

「続かない→落ち込む」の事態を避けるためにオススメなのは、**あらかじめ〝ゆるいマイルール〟を設定しておく**こと。例えば、「仕事が忙しくなることも考えられるので、週に3日間までは休んでもOK。ただし、4日目には問題集を開くようにする（問題を解かなくてもOK）」などと決めておくのです。

47

「思考グセ」を知り、落ち込みを防ぐ

あなたはどっち？

◎

「認知の歪み」のセルフチェックで、自分の思考グセに気づけた。

×

最近、気分の落ち込みが激しいが、なぜなのかよくわからない。

自分の「認知の歪《ゆが》み」を知ることから始めよう

「認知の歪み」とは、精神科医によって提唱された**「現実を不正確に認識し、ネガティブな思考や感情を生み出しやすくなる」という10項目の思考グセ**（174ページ参照）です。

「最近とても落ち込みやすくなった」と感じている人は、174ページを見て、「特に自分に当てはまる思考グセはないか？」をセルフチェックしてみてください。自分を客観視できるようになると、落ち込む回数も落ち込み度合いも減っていきます。

認知（物事の捉え方）に歪みがあると気づいたら、そのつど対処をしていきましょう。例えば、「全か無かの思考（0点か100点で極端に捉える考え方）」に陥っていると気づいたら、「0点、25点、50点、75点、100点のどれかな？」と目盛りを細かくした上で考えてみると良いでしょう。

48

「ポジティブ日記」で1日を締めくくる

あなたはどっち？

◎

「今日こんな良いことがあったな」と思いながらベッドに入る。

×

「今日も１日大変だったな……」と思いながらベッドに入る。

人間の脳は寝る直前の記憶を留めやすい

日々のストレスで疲れた心を健全に保つには、**「ポジティブ日記」**がオススメ。やり方はとても簡単です。

ノートとペンを用意し、**寝る前に「今日良かったこと」を3つ、箇条書きにするだけ**です。「予定どおりに仕事を開始できた」「穏やかで過ごしやすい天気だった」「取引先から嬉しいメールが来た」「ランチのおかずがおいしかった」など、ほんのささいなことでOKです。

人間の脳には**「寝る直前の記憶を留めやすい」**という特性があるので、「良かったこと」で1日を締めくくる習慣をつけると、幸せに過ごすことができるのです。

3週間続けてポジティブ日記を習慣化できたら、「良かったこと3つ」に加えて、**「改善したいこと1つ」も書き出してみてください**。人生がさらに好転していきます。

あとひとつは…「今日もいちごがおいしかった」
改善点は…「練乳の量…」

49

何か1つ「新しい学び」を始めてみる

あなたはどっち?

◎

「日常会話くらいは話せたら」と思い、オンライン英会話を習い始めた。

×

これまでの経験や知識を生かしながら定年まで働きたい。

目標を手帳に書き込んで毎日目にしよう

「人生100年時代」と呼ばれ、60代はもちろん、70代になっても、元気に働き続けることのできる時代となりました。そんな中、**「学び直し」――新たなスキルを習得したり、これまで培ってきたスキルに磨きをかけたり体系化させたりする――という考え方**が重要になってきました。

オススメは**「今年はこれを学ぶ」という目標を決め、年初に手帳に書き込む**こと。手帳を開くたびにその書き込みを目にすれば、脳は自然とその目標を実現しようとします。

なお、新たな学びを「苦行と捉えるか？　楽しみと捉えるか？」で**行動自発率に差**が生まれ、学びの結果も大きく変わってきます。**ごほうび設定**（166ページ参照）や**サポーター設定**（169ページ参照）を活用し、自らが楽しく学べる仕組みを作ってみてください。

50

「一人株式会社」で人生を経営していく

あなたはどっち？

◎

ネットオークションの副業で、給料や手当が減った分を補っている。

×

給料や手当が減っているが、不景気だから仕方がないとあきらめている……。

「会社を潰さず、成長させる」のと同じ考え方で

ジョブ型雇用、副業解禁など……働き方改革に伴って新しい言葉がたくさん生まれています。それらは**「会社は以前のように社員を守ってくれない。自分の身は自分で守らなければならない」**ということを意味しています。

ですから、会社勤めの方も、これからは、自分が**「一人株式会社」の社長という認識を持つ**ことがとても重要です。

「1年後に給料が10%下がっても、同じだけの収入を維持したい。そのためにはどうすればいいのか?」。まずはそのあたりから考えてみると良いと思います。会社は業績悪化を防ぎ、持続成長させるために、既存事業のテコ入れや新規事業の立ち上げをしていきますよね。考え方はこれとまったく同じです。3年先、5年先、10年先……を見据え、**「あなたの人生」という事業を自分自身で〝経営〟しましょう。**

第5章

「自然と動きたくなる」行動科学の10秒メッセージ

行動科学マネジメントのエッセンスがぎゅっと凝縮された50の言葉を厳選しました。毎日1つ、1日10秒、読めば読むほど「すぐやる人」の行動習慣と考え方が身につきます。実践している項目に「○」、まだ実践していないものに「×」をつけながら読むのもオススメです。

アイデア何も出ないの!? 頑張ろうよ!
え
え
やばっ
頭使いすぎで腹減っちゃいました－
早くアイデア出してランチ行きましょう!
○○の案はどうですか?
言葉の力は偉大!!
△△という案も!
よく鳴るねー

Action & Change

51 行動が先、やる気は後

何もない状態から、やる気が出ることはありません。具体的な行動をした結果、達成感を得て、やる気が湧き上がるのです。まずは小さな行動を！

Action & Change

52 スローガンだけでは人は動けない

「意識を高めて」「臨機応変に」……あいまいな言葉では、相手は行動できません。数字を盛り込み、具体的な指示を出しましょう。

Action & Change

53
「やる」と同じくらい「やらない」も大事

忙しいときほど、「やるべきではない行動」を明確にして仕事に取り組みましょう。そうすることで、「やるべき行動」がクリアになります。

Action & Change

54
成功続きのその先に自信がある

失敗続きでは、人は自信を持つことができません。成功を積み重ね、成功のレベルを徐々に上げていくことで、自信が持てるのです。

Action & Change

55

「困っていることはない？」のひと言が部下を育てる

つまずいているポイントを特定し、具体的なやり方を教えると、部下は成長していきます。「何か困っていることはない？」から始めましょう。

Action & Change

56

悩んでも決まらない動き出せば決まる

悩んでいても答えが出ないのは、決断するための情報や素材が足りないから。情報や素材を収集するために、小さくスタートしてみましょう。

Action & Change

57

褒《ほ》めるのは相手のためじゃなく自分のため

なぜ部下を褒めるのか？
それは部下のできること
が増えていくことで、自
分自身の仕事が楽になる
から。あなたに大きなメ
リットがあるのです。

Action & Change

58

うまくいく割合は「褒《ほ》め3：指摘1」

指摘されてばかりでは、
誰でも面白くありません。
3つ褒めて1つ指摘する
くらいの割合だと、その
指摘を快く受け入れよう
とするものです。

Action & Change

59

3日、3週間、そして3ヵ月

習慣にできるかどうかのカギは「3」が握っています。まずは三日坊主を乗り越え、3週間過ぎると定着し、3ヵ月続ければ習慣化できます。

Action & Change

60

背中を見せても人は育たない

リモートでの仕事が当たり前となり、「背中を見て覚えろ」式の指導はできなくなりました。行動のしかたを具体的な言葉にして指導しましょう。

Action & Change

61 上司のような気遣いで自分自身を気遣う

部下を持つ立場となると、セルフマネジメントも重要になります。健康のこと、将来のビジョンのこと……自分自身のことも考えましょう。

Action & Change

62 世の中は変わる 今までも そしてこれからも

コロナ・ショック以前も私たちは大きな変化を経験し、乗り越えてきました。今後も世の中は変わるでしょう。でも、きっと乗り越えていけます。

Action & Change

63

一生懸命頑張るのではなく仕組みを作る

やる気や根気に頼っていては、いつまでも続けられません。だからこそ「人が自然と行動したくなる仕組み」を作る必要があるのです。

Action & Change

64

反省だけせずに検証しよう

「うまくいかなかった」と落ち込むだけでは、次に生かされません。「どこをどのように改善するか？」という検証を行うと成長につながります。

Action & Change

65

残業よりも副業の時代

残業しても評価につながらない時代がやってきました。「今までの残業時間をこれからは副業にあてる」というマインドチェンジが必要です。

Action & Change

66

わからないのは、こちらのせい

部下が「わからない」と言っているときに「自分の教え方が悪いからだ」と思えたら、あなたは教え方がうまくなり、部下は飛躍的に成長します。

67

無意識に何度もとってしまう行動を習慣と呼ぶ

「やらなきゃ」と頭で思っているうちは、まだ習慣と呼べません。「寝る前に歯を磨く」と同じくらい無意識にできる行動を習慣と呼びます。

68

結果よりも行動を評価する

結果は良し悪しがありますが、行動は積み重ねなので、増えることはあっても減ることはありません。結果よりも行動を評価しましょう。

Action & Change

69 今までの成功をリュックから降ろし、次の山を登る

新しい時代に入るとき、これまでの成功体験が重荷になってしまうことがあります。身も心も軽やかにして、次の挑戦を始めましょう。

Action & Change

70 「いつかいつか」と思うだけでは「いつか」は来ない

「いつかやりたい」と思っている夢を、スケジュール帳に書き込んでしまいましょう。それに合わせて仕事のスケジュールを調整するのです。

Action & Change

71 仕事のほとんどは繰り返し業務

仕事の大半は定型業務ですから、「もっとも効率の良い手順」をマニュアル化してしまいましょう。そうすれば劇的に効率が上がります。

Action & Change

72 仕事の関係性に上も下もない

社長と新入社員は、上下関係ではありません。各々の役割が違うだけです。「縦の関係」ではなく「横の関係」――今後のキーワードです。

Action & Change

73

指示されるより相談された方が人は嬉しい

「これやっておいて」と指示されるよりも「どうすればいいかな」「お願いできるかな」と相談された方が、人は快く引き受けてくれます。

Action & Change

74

わからないことは聞けばいい任せればいい

わからないことを「恥ずかしい」と思わず、詳しい人にどんどん聞き、任せていきましょう。相手との信頼関係も築けて一挙両得です。

Action & Change

75 流れに身を委《ゆだ》ねれば変わっていく

「なかなか変われない」という人は、例えば「誰かに誘われたら、その誘いに乗ってみる」。人生が変わるきっかけになるかもしれません。

Action & Change

76 「楽しい時間」の割合を増やすことがライフプランニング

「ちょっとイヤだな」と思っていることを避けるだけで、楽しい時間が増えていきます。そんなふうに楽しい時間の割合を増やしていきましょう。

Action & Change

77

「〜しなきゃ」では人は続けられない

「〜しなきゃ＝Have to」では、人は始められない、続けられない。「〜したい＝Want to」からこそ、始めたくなるし、続けられるのです。

Action & Change

78

今の仕事を標準化し、次のレベルへ進もう

「誰かでなくてはできない仕事」を「誰がやってもできる仕事」に標準化し、全員で次のレベルへ進む——これがマネジャーの重要な仕事です。

Action & Change

79

学びを習慣化し、インプットを増やす

目の前の仕事に追われていると、うまくいかなくなったときに打つ手を見つけられません。常に学び、新しい知識や情報をインプットしましょう。

Action & Change

80

「頭でわかる」ではなく「体で覚える」

教えられた直後はできる、でも何日か経つとできなくなってしまう……これはよくあること。自然にできるまで体で覚えることが重要です。

Action & Change

81

「大丈夫」を疑う客観的な視点を

危険な条件がそろっているのに「大丈夫だ」と思い込んでしまう心理を「正常性バイアス」と言います。データを分析する習慣をつけましょう。

Action & Change

82

管理自体が目的になっていないか？

マネジメントの目的が業務の進捗や数字の管理になっていませんか？ 見るべきは、業務そのものではなく、その進め方や仕事のやり方です。

Action & Change

83

目標を周囲に宣言する

目標を文章化し、宣言し、家族や仲間に応援してもらうことで、目標達成率は高くなります。思い切って何か1つ宣言してみましょう。

Action & Change

84

ポジティブなのは心ではなく行動

ポジティブな人は、心がポジティブなのではありません。積極的に環境を改善するという「行動」をとってきた人のことを指すのです。

Action & Change

85

「やったつもり」ほど怖いものはない

仕事において、「やったつもり」ほど危険なものはありません。何をどれだけやったかを、数字で具体的にチェックしてみましょう。

Action & Change

86

問題を解決するには2つの行動に着目

問題解決の際には「2つの行動」に着目します。1つは「問題を引き起こしている行動」、もう1つは「問題を改善するために必要な行動」です。

87

何を学ぶかよりもどのように学ぶか

環境変化が激しい時代には、数年で知識やスキルが陳腐化します。大事なのは何を学ぶかではなく、効率的な学び方を知っているかどうかです。

88

人間の行動原理はいたってシンプル

「行動した」→「その結果、褒《ほ》められた」→「その後も行動を繰り返す」。とても単純な構図ですが、これが人間の行動原理なのです。

Action & Change

89

時代は減点主義から加点主義へ

これからの時代は「減点主義」（どうすれば失敗しないか）から「加点主義」（どうすればイノベーションが起こせるか）へと評価が移行します。

Action & Change

90

まずは良い反応これが人間関係を良好にするコツ

部下の呼びかけや提案には、まず「良い反応」をすることが大切です。細かい指摘は、その後でゆっくり考えてから伝えましょう。

Action & Change

91

「よかれと思って」はたいてい早合点《はやがてん》

こちらがよかれと思っていることと、相手が望んでいることが一致するケースは少ないので、自分の良かった経験を相手に強いると失敗します。

Action & Change

92

ライバルは「自分」

「今まで以上の自分」へと成長するプロセスで、達成感や自己効力感を得ることができ、いくつになっても人生を豊かなものにしてくれます。

Action & Change

93 ▼ 「常識で考えれば」と口にするたび新人は心を閉ざしていく

新人にとって職場はわからないことだらけ。「そんなこと聞くなよ」「普通に考えれば」などの言葉で、新人からの質問はどんどん減っていきます。

Action & Change

94 ▼ 部下のためにも自ら率先して休もう

仕事で100%の力を発揮するためには、遊びも必要です。部下のためにも率先して休むことも、新しい時代のマネジャーの役割と言えます。

Action & Change

95

「伝える」ではなく、「教える」ことがマネジャーの役割

マネジャーの役割は、会社から出された課題を「伝える」ことではなく、その課題を解決するためにどう行動すればいいかを「教える」ことです。

Action & Change

96

歩数を計測しながら楽しく毎日歩き、心身の健康維持を

心身の健康のために毎日歩きましょう。その際、ぜひ歩数計測を。数値が増えていくことで達成感や自己効力感が芽生え、行動を後押ししてくれます。

Action & Change

97

ＡＩを使いこなすかどうかはあなた次第

ＡＩに既存の仕事を奪われても、その裏で必ず新しい仕事が生まれてきます。この新しい仕事をこなせればいいのです。「心配」よりも「行動」が重要です。

Action & Change

98

他人からの「いいね！」を判断基準にしない

趣味などは、それを嗜《たしな》まない人からは「何が楽しいの？」と不思議がられるもの。他人の評価ではなく、自分の願望を軸に人生を設計しましょう。

Action & Change

99

「万が一の場合」の対処法を書き出せば不安は消えていく

不安の正体を「見える化」することで心は落ち着きます。「何が起きたらイヤなのか？」「それが起きたらどうすればいいか？」を書き出しましょう。

Action & Change

100

人生最大の後悔は「やろうと思ったのにやらなかった」

人生を振り返って、多くの人が「やった後悔よりもやらなかった後悔」を挙げています。人生は一度きり。思い切って行動を開始しましょう。

付録

＼知っておきたい！／

行動科学マネジメントの
キーワード辞典

スモールゴール、不足行動と過剰行動、優先順位と劣後順位、ピンポイント行動……本文に登場する専門用語をイラスト付きで解説します。

【行動分解】

▼P31、61に関連

● **どこまでできてどこからできない？**

行動科学マネジメントでは「行動分解」という手法を重要視しています。**「どこまでできて、どこからできないのか」を特定するのに非常に役立つ**からです。「企画書作りが苦手」という人は、まず企画書作りの行動プロセスを「関連書籍を読む→ネットなどからデータを集める→タイトルを決める……」といった形で、できるだけ細かく書き出してみます。その上で、「どの行動が苦手で、どの行動はそれほど苦手じゃないのか？」をチェックしてみるのです。そうすると「具体的には何ができないのか？」が特定できるので、対処法も自然と明らかになっていきます。

行動分解は、「作業手順の見直しをする」「マニュアルを作成する」「部下への指導手順を明らかにする」など、さまざまな場面で有効です。ぜひ仕事に取り入れてみてください。

企画書作りのプロセス
関連書籍を読む
ネットなどからデータ収集
タイトルを決める
構成内容を決める
実際に書く
○
△
○
×
△
細かく分解して書き出そう
構成内容を決めるのだけが苦手だったのね…

【スモールゴール】

▼P34、35、127に関連

● 「やれそう&やってみたい」が重要

スモールゴールとは、文字どおり「小さなゴール」のことです。

人は「行動しよう！」と決意したときにはテンションが上がっているので、いきなり大きなゴールを設定しがちです。例えば、これまであまり走ったこともないのに「明日から毎日10km走るぞ」と決めてしまうと、翌日に「やっぱり無理そうだな」と感じて走り始められなかったり、1日だけなんとか走ったものの「もう走りたくない」とすぐに挫折してしまったり……といったことが起こります。

行動の初期段階では特に「やれそうだ、やってみたい」と思えるスモールゴールを設定することが重要です。 そのスモールゴールに到達したら、もう少しレベルアップした次のスモールゴールを設定します。その繰り返しで最終的なゴールを目指せば良いのです。

GOAL
SMALL GOAL
SMALL GOAL
SMALL GOAL
ここまでなら
やれそう
&
やってみたい
よーいっ
バーン！

【ごほうびとペナルティ】

▼P35、41、47、49、55、133に関連

● **自分自身の行動自発率を高める**

行動科学マネジメントでは、**ある行動を増やす働きかけのことを「行動強化」**と呼びます。ごほうびを与えることは、行動強化の1つです。「1時間で企画書を完成させた後、大好きなコーヒーを1杯飲もう」という場合、「大好きなコーヒー」がごほうびに該当します。**ごほうびが設定されている方が行動自発率は高まり、目標達成率もアップします。**ごほうびは、自分がワクワクできるもの、あまりお金のかからないものを選びましょう。すると毎日楽しくごほうびを設定できます。

なお、「ペナルティを設定する」という方法もあります。「1時間で企画書を完成させられなかったら、夕食時のビールを飲めない」などです。人によって合う・合わないがあるので、「ペナルティを設定した方が仕事がはかどる」という人だけ取り入れましょう。

ごほうび
1時間以内にできたら、おいしいコーヒーをいれる
OR
ペナルティ
1時間でできなかったらビールおあずけ
自分にあった方法で
よし、がんばるぞ！

【不足行動と過剰行動】

▼P37、125に関連

● ○○したいけど、××してしまう

不足行動とは「目標達成に必要なのに足りていない行動」、過剰行動とは「目標達成に不必要なのに過剰な行動」のこと。よりわかりやすく解説すると、**「○○したい」が不足行動、「けど、××してしまう」が過剰行動**にあたります。「資格試験の勉強をしたいけど、テレビを見てしまう」という場合は、「○○したい」にあたる「資格試験の勉強」が不足行動、「けど、××してしまう」にあたる「テレビを見る」が過剰行動というわけです。この人の場合、「テレビのないカフェなどへ毎日出かけ、資格試験の勉強をする」といったマイルールを設ければ、不足行動を増やし、過剰行動を減らすことができます。

目標達成に必要な不足行動を増やし、目標達成を妨げる過剰行動を減らす実践テクニック――それが行動科学マネジメントなのです。

【ピンポイント行動】

▼P43、57、59、103に関連

●ヒントはハイパフォーマーにあり

ピンポイント行動とは、**「成果に直結する重要な行動」**のことです。これを見つけると、行動の効率が上がり、目標達成のスピードが飛躍的に高まります。

ピンポイント行動をあぶり出すのに有効なのが、ハイパフォーマー（成果を出している人）の観察です。営業部の中に成約率が飛び抜けて高い社員がいたとしたら、その社員が具体的にどんな行動をしているのかをじっくりと観察し、「これがピンポイント行動だ」という行動を見極めるのです。そして、そのピンポイント行動を他の社員にも徹底させると、チーム全体の成約率はアップします。

ピンポイント行動は、わかりやすく派手なものとは限りません。「1日1回メールでお客様に役立つ情報を送るようにした」など、地道で何気ない行動であることも多いです。

成約率UP
信頼
好感度
お客様へ今日のお役立ち情報を送信!
成果に直結!

【サポーター】

▼P45、133に関連

● 何かを始める・続ける際の味方

行動科学マネジメントでは応援してくれる人のことを「サポーター」と呼びます。何かを始め、続けていく際に、サポーターの存在は大きな力となります。行動科学マネジメントでは、3週間続けられると「行動が定着した」と見なします。それぞれの期間で役割の違うサポーターを探すと効果的です。

①行動開始から3週間まで……お目付役のサポーターを探す

あなたに対して「今日はこういう行動をする日だよね?」「もう行動したの?」といった声かけをしてくれる存在です。

②4週間目以降……行動報告できる励まし役のサポーターを探す

あなたが「今日はこんな行動をしました」と報告すると、褒めてくれたり、励ましてくれたり、アドバイスをくれる存在です。

行動開始~3週間
行動した?
あ、忘れていました
サポーターA
4週間目以降
こんな行動をしたんですが…
もうちょっとこうしたらが…
サポーターB

【優先順位と劣後《れつご》順位】

▼P63、69に関連

●「今やらなくてもいい」を探す

「劣後順位」は「優先順位」の対義語。簡単に言えば、優先順位「上から1位、2位、3位……」であるのに対し、劣後順位は「下から1位、2位、3位……」を指しています。人は忙しいときほど「あれをやらなきゃ、これもやらなきゃ」と混乱してしまいます。その際、劣後順位の概念が大きな威力を発揮します。優先順位をつけるだけでは、仕事の総数に変化はありません。けれども、**劣後順位をつけると、「今やらなくてもいいこと」がわかり、仕事の総数自体を減らすことができる**のです。

「忙しい」と感じたら、まずは「今やらなくてもいい仕事」を3つほど探してみましょう。そんなふうに仕事の総数を減らした後で、「今やるべき仕事」に優先順位をつけていくと良いでしょう。

TO DOリスト
1 本日提出の企画書作成
2 昨日の営業の振り返り
3 部下との1on1
ジョキッ
8 今月の経費精算
9 来月の会議資料読み
10 ロッカーの掃除
仕事の総数を減らそう

【MORS《モアーズ》の法則】

▼P39、85、87、123に関連

●具体的な指示を出すための法則

「①Measured／計測できる＝数値化できる」「②Observable／観察できる＝誰が見てもどんな行動をしているかわかる」「③Reliable／信頼できる＝どんな人が見ても、同じ行動だと認識できる」「④Specific／明確化されている＝何をどうするか明らかである」の4つから成り立っています。

MORSの法則を知っておくと、あいまいな指示がなくなります。例えば「A社への提案書を早めに作成しておいて」という指示だと、「早めに作成する」の解釈が上司と部下との間で食い違うことがあります。けれども「提案書を3ページ以内にまとめて、午後2時までにメール添付で私に送ってくれるかな」といった内容で指示を伝えれば、上司と部下との間に解釈の相違は生まれず、部下は迷わずスムーズに指示を実行できるのです。

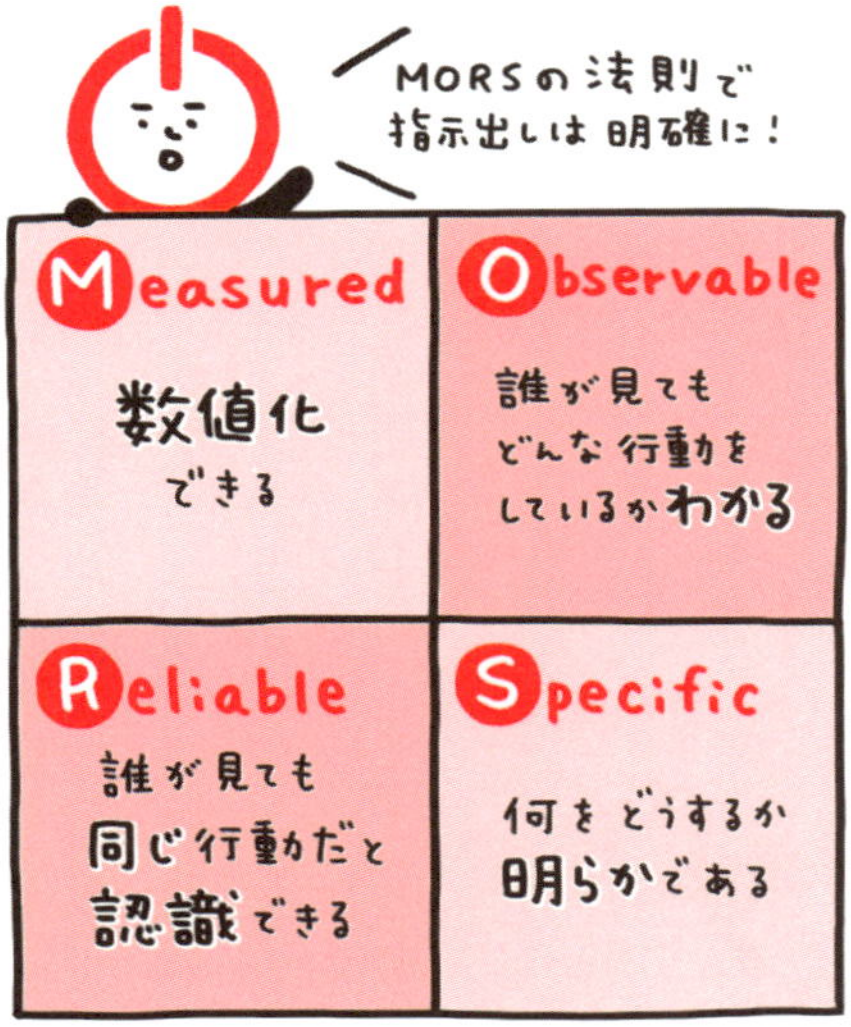
MORSの法則で指示出しは明確に！
Measured
数値化できる
Observable
誰が見てもどんな行動をしているかわかる
Reliable
誰が見ても同じ行動だと認識できる
Specific
何をどうするか明らかである

【接触頻度《せっしょくひんど》と即時強化《そくじきょうか》】

▼P89、91、107、113に関連

● **関係を構築し、成果を出させる**

「接触頻度」は、コミュニケーションをとった回数を指しています。行動科学マネジメントでは、**「人間関係がうまくいかない主要原因の1つに『接触頻度』の少なさがある」**と考えています。「部下とうまくいかない」「あの上司は苦手」といった問題は、ほとんどが接触頻度の少なさによって生じているのです。

1回ごとの内容は短くてOK（メールやチャットならひと言、会話なら1分でも）。どんな相手ともなるべく均等に、1日最低1回以上は、コミュニケーションをとりましょう。

また、**「成果につながる行動をしたら即座に褒める」という行動を即時強化**と呼びます。報告メールがきたら、短い言葉で良いので、できるだけ早く返信します。これを続けると、部下は「何をすれば評価されるのか？」が理解でき、次からも同じ行動をとってくれます。

接触頻度 ⇨ 人間関係の改善
コミュニケーション回数を
なるべく均等に！

即時強化 ⇨ 成果につながる
良い行動は
すぐ褒める！
＜部下A
今日は〇〇××
でした！
16:00
助かるよ
ありがとう！
16:01

【非金銭的報酬】

▼P89、93、105に関連

●報酬は「お金」だけではない

行動科学マネジメントでは、報酬には「金銭的報酬」と「非金銭的報酬」の2種類があると考えます。**金銭的報酬とは、文字どおり「お金」に関する報酬です。対して非金銭的報酬とは、「承認」「感謝」など、コミュニケーションを通じて受け取るものを指しています。**

給与や賞与と違い、非金銭的報酬は「どんな立場であっても／誰に対しても／今日から」与えることができます。また、「接触頻度と即時強化」の項（172ページ参照）でも触れましたが、「その場で」与えることができる点も大きな魅力です。

「成果につながる行動を部下がとったら、上司は即座に褒める」――これは非金銭的報酬を与える、もっとも効果的かつ効率的な非金銭的報酬の与え方です。毎日のコミュニケーションの中に取り入れてください。

非金銭的報酬
できました！
ありがとう 助かる！
立場を問わず
誰に対しても
今日から、
その場で与える
ことができる！

金銭的報酬
賞与
その場で与える
ことができない…
報酬額は
経営陣が決める

【認知の歪《ゆが》み】

▼P129に関連

● 現実を正確に認識できなくなる

専門用語で「認知の歪み」と呼ばれているものがあります。これは精神科医アーロン・ベック氏とその弟子のデビッド・D・バーンズ氏が提唱したものです。バーンズ氏は、下記の表にある**10項目のような思考パターンを持っていると、現実を不正確に認識し、ネガティブな思考や感情を生み出しやすくなる**と述べました。こういった認知の歪みを起こさないよう、私たちは自分の思考や感情を常にコントロールする必要があるのです。

あなたの思考パターンはいかがですか？ ぜひセルフチェックしてみてください。

［チェックリスト／認知の歪み10パターン］	チェック
①全か無かの思考（白黒で判断する、0点か100点で考える）	□
②一般化のしすぎ（根拠不十分なまま結論を下す）	□
③心のフィルター（良いところを見ずに、悪いところを見る）	□
④マイナス化思考（うまくいけば「まぐれ」、うまくいかなかったら「やはり」と考える）	□
⑤結論の飛躍（人の心や将来を悲観的に読む）	□
⑥拡大解釈、過小解釈（失敗を実際よりも過大に考え、成功を実際よりも過小に考える）	□
⑦感情的決めつけ（自分の感情がそう思うからそうなのだと考える）	□
⑧すべき思考（物事を「Have to（～しなければならない）」と捉える）	□
⑨レッテル貼り（一面だけですべてを結論づける）	□
⑩個人化（自分のせいではないのに自分のせい、他人のせいではないのに他人のせいと考える）	□

著者プロフィール

石田 淳（いしだ・じゅん）

社団法人行動科学マネジメント研究所所長。社団法人組織行動セーフティマネジメント協会代表理事。株式会社ウィルPMインターナショナル代表取締役社長。米国行動分析学会ABAI会員。日本行動分析学会会員。日本ペンクラブ会員。日経BP主催「課長塾」講師。

アメリカのビジネス界で大きな成果を上げる行動分析を基にしたマネジメント手法を日本人に適したものに独自の手法でアレンジし、「行動科学マネジメント」として展開。精神論とは一切関係なく、行動に焦点をあてた科学的で実用的なマネジメント手法は、短期間で組織の８割の「できない人」を「できる人」に変えると企業経営者や現場のリーダー層から絶大な支持を集める。これまでに指導してきた企業は1,000社以上、ビジネスパーソンはのべ300,000人以上にのぼる。

著書・監修書に、『まんがで身につく 続ける技術』（あさ出版）、『教える技術』（かんき出版）、『課長のABC』（日経BP）、『１分ミーティング』（すばる舎）、『めんどくさがる自分を動かす技術』『めんどくさがる相手を動かす技術』（共に永岡書店）などがある。

株式会社ウィルPMインターナショナルHP
https://www.will-pm.jp/

石田淳ブログ
https://jun-ishida.com/

STAFF
イラスト　伊藤美樹
デザイン　藤塚尚子（e to kumi）
編集協力　高橋淳二（有限会社ジェット）
校正　くすのき舎

いつまでたっても動けないあなたが「すぐやる人」に変わる100の言葉

2021年6月10日　第1版発行

著　者　石田 淳
発行者　永岡純一
発行所　株式会社永岡書店
〒176-8518　東京都練馬区豊玉上1-7-14
代表☎ 03（3992）5155
編集☎ 03（3992）7191
DTP　センターメディア
印刷　精文堂印刷
製本　ヤマナカ製本

ISBN978-4-522-43899-2　C0030
落丁本・乱丁本はお取り替えいたします。